数字经济

"数字中国"顶层规划与实践路径

王亚卡 沈策 杨爱喜 李强 · 著

化学工业出版社

·北京·

内容简介

本书立足于当前全球数字经济发展新动向、新趋势，全面阐述了我国数字经济的发展起源、概念内涵与体系架构，深度剖析5G、AI、大数据、云计算、物联网、区块链、数字孪生等新一代信息技术，揭示数字技术在经济社会各领域的应用场景与实现路径，旨在帮助读者把握数字经济时代的战略发展机遇，驱动企业实现数字化转型。

全书分为五个部分。第一部分数实融合篇主要厘清数字经济的概念内涵，阐述数字经济与实体经济的融合之道，以及数字经济治理体系的制度建设；第二部分工业赋能篇重点阐述工业互联网的体系架构、关键技术与应用场景；第三部分数字社会篇以智慧城市、智慧教育、智慧医疗、智慧金融四大领域的数智化应用为例剖析数字经济对人类社会生产生活产生的深远影响；第四部分数字政务篇重点讲解互联网、AI、区块链、云计算等新兴技术在政务服务领域的应用，助力构建新型智慧政府，提升现代化社会治理能力；第五部分数字企业篇分别从战略规划、组织变革、领导力变革、HR进化四个层面阐述企业数字化转型的实践路径，以指导传统企业结合实际情况，制定适合企业自身发展的数字化战略路线图。

图书在版编目（CIP）数据

数字经济："数字中国"顶层规划与实践路径/王亚卡等著．—北京：化学工业出版社，2023.11
ISBN 978-7-122-44000-6

Ⅰ.①数… Ⅱ.①王… Ⅲ.①信息经济-经济发展-研究-中国 Ⅳ.①F492

中国国家版本馆CIP数据核字（2023）第153252号

责任编辑：夏明慧
责任校对：宋　夏
装帧设计：溢思视觉设计／程超

出版发行：化学工业出版社（北京市东城区青年湖南街13号　邮政编码100011）
印　　装：三河市双峰印刷装订有限公司
710mm×1000mm　1/16　印张13¾　字数182千字　2024年2月北京第1版第1次印刷

购书咨询：010-64518888　　售后服务：010-64518899
网　　址：http://www.cip.com.cn
凡购买本书，如有缺损质量问题，本社销售中心负责调换。

定　价：69.00元　　　　　　　　　　　　　　　　　　版权所有　违者必究

前言

2022年底,人工智能实验室OpenAI发布的对话式大型语言模ChatGPT(Chat Generative Pre-trained Transformer)横空出世,并迅速吸引了业内外人士的关注。ChatGPT作为一项由人工智能技术驱动的工具,比以往的同类产品有更加出色的表现,不仅能够精确理解人类的语言和文字、进行真实情境下的聊天交流,而且可以高质量完成代码输出、作品翻译、邮件回复等工作。

实际上,ChatGPT的诞生可以说是一种必然。互联网兴起后,与之相关的人类的各种活动都可以以数据形式留存下来,并为人工智能技术的发展提供丰富的原材料,使得获取、学习和利用知识不再是人类的专利。正如特斯拉公司的创始人埃隆·马斯克(Elon Musk)所感慨的一般:"我们离强大到危险的AI不远了。"

纵观近几年经济领域的发展可以发现,如同人工智能产业一般,大数据、云计算、数字孪生(Digital Twins, DT)、区块链等相关产业均获得了大量资本的青睐。虽然从表面来看,这些产业貌似处于不同的领域,但实际上它们都属于数字经济的范畴。

数字经济自崭露头角以来,就受到了国家层面的高度重视。2020年10月在北京举行的党的十九届五中全会提出:"发展数字经济，推进数字产业化和产业数字化，推动数字经济和实体经济深度融合，打造具有国际竞争力的数字产业集群。"2022年1月，国务院印发《"十四五"数字经济发展规划》，提出"十四五"时期是我国数字经济转向深化应用、规范发展、普惠共享的新阶段，明确了"十四五"时期推动数字经济健康发展的指导思想、基本原则、发展目标、重点任务和保障措施。《"十四五"数字经济发展规划》的开篇阐明了数字经济的含义："数字经济是继农业经济、工业经济之后的主要经济形态，是以数据资源为关键要素，以现代信息网络为主要载体，以信息通信技术融合应用、全要素数字化转型为重要推动力，促进公平与效率更加统一的新经济形态。"

过去几十年，中国经济经历了极为快速的发展。经济快速增长是多重因素共同作用的结果，其中"人口红利"也是重要的驱动因素之一。根据国家统计局发布的数据，2022年我国人口总量首次下降，比2021年末减少了85万人。同时，根据联合国报告预计，印度人口数量将超过中国成为全球人口第一大国。除人口这一影响长期经济增长的关键变量外，我国的金融周期也处在下行调整期。那么，我们不得不思考：什么是未来中国经济的新增长点？

《"十四五"数字经济发展规划》已经给出了肯定的答案："数字经济发展速度之快、辐射范围之广、影响程度之深前所未有，正推动生产方式、生活方式和治理方式深刻变革，成为重组全球要素资源、重塑全球经济结构、改变全球竞争格局的关键力量。"

本书立足于当前全球数字经济发展新动向、新趋势，全面阐述了我国数字经济的发展起源、概念内涵与体系架构，深度剖析5G、AI、大数据、云计算、物联网、区块链、数字孪生（Digital Twins, DT）等新一代信息技术，揭示数字技术在经济社会各领域的应用场景与实现路径，旨在帮助读者把握数字经济时代的战略发展机遇，驱动企业实现数字化转型。

全书分为五个部分，共18章。

- 第一部分：数实融合篇。随着社会的不断发展和数字技术的持续进步，数字经济逐渐成为国民经济乃至全球经济发展的主流模式，带领经济社会朝向数字化、智能化的方向发展。近年来，数字经济进入快速发展阶段，成为推动经济社会运行模式与治理模式变革的重要力量。同时，数字资源也实现了跨界流动，使得以产业数字化和数字产业化为基础的数字创新逐步成为驱动经济体系重构的关键要素。
- 第二部分：工业赋能篇。在传统工业数字化转型的过程中，工业互联网是公认较为关键的转型路径之一。工业互联网的融合应用可以充分发挥海量工业数据的价值，一方面帮助传统产业明确发展遇到的瓶颈问题，加快传统工业数字化转型的进程；另一方面帮助新兴产业明确未来发展前景，从而最终实现传统工业体系的变革。
- 第三部分：数字社会篇。随着人工智能、物联网、大数据、云计算等新一代信息技术不断发展，这些技术将逐渐应用于城市建设、教育改革、医疗改善、金融创新等方面，不断丰富数字社会的内涵，为城市监管、信息收集、数据统计分析与处理、决策辅助等提供强有力的支持。

- 第四部分：数字政务篇。新兴技术的进步为电子政务顶层设计带来发展的机遇，互联网基础上建立起来的电子政务系统将会在确保信息安全和政府系统平稳运行的基础上部署电子政务应用，为群众提供创新性更强、服务体验更好的公共服务。"互联网＋政务服务"作为创新型的公共治理模式，并不是简单地把传统办公模式线上化，而是依托现代信息技术，构建集成多种功能、能够适应不同业务场景需求的电子政务系统，满足公众多样化的政务服务需求。
- 第五部分：数字企业篇。进入数字化时代后，企业应该从战略规划、组织变革、领导力变革、HR进化等层面进行企业数字化转型的落地实践，结合实际情况制定适合企业发展的数字化战略路线图。

数字经济为我国经济社会的持续健康发展提供了强大动力。受内外部多重因素影响，我国数字经济发展面临的形势日新月异。因此，正确认识数字经济、深入了解"数字中国"的顶层规划与实践路径至关重要。

著者

目录

第一部分 数实融合篇 … 1

第1章 数字经济：擘画"数字中国"新蓝图 … 2
一、数字经济的起源、概念与特征 … 2
二、双轮驱动：数字经济的"一体两面" … 5
三、协同推进数字产业化与产业数字化 … 8
四、我国数字经济的创新路径与趋势 … 10

第2章 数实融合：赋能中国经济高质量发展 … 14
一、数实融合：构建实体经济新生态 … 14
二、科技自立：突破关键核心技术 … 16
三、产业互联：驱动制造业数字化转型 … 18
四、数字基建：实现数实融合的基石 … 19

第3章 数字治理：推进国家治理体系现代化 … 21
一、数字治理：赋能数字经济行稳致远 … 21
二、提升数字经济治理能力的主攻方向 … 23
三、构建多元化数字经济治理模式 … 26
四、推动我国数字治理体系的实践对策 … 28

第二部分 工业赋能篇 … 31

第4章 工业互联网：概念、内涵与架构体系 … 32
一、智能工业时代的来临 … 32

二、工业互联网的概念与内涵　　33
　　三、工业互联网体系架构1.0　　37
　　四、工业互联网体系架构2.0　　38
　　五、我国工业互联网面临的挑战　　40
　　六、我国工业互联网的未来发展方向　　42

第5章　技术体系：工业互联网的实现路径　　45
　　一、5G网络：工业互联网的数字底座　　45
　　二、边缘计算：提供边缘智能服务　　46
　　三、工业智能：AI赋能智能制造　　48
　　四、数字孪生：构建虚拟的数字模型　　49
　　五、区块链：保障工业数据安全与共享　　51

第6章　应用场景：工业互联网平台新模式新业态　　53
　　一、场景1：数字化管理　　53
　　二、场景2：智能化生产　　56
　　三、场景3：网络化协同　　61
　　四、场景4：个性化定制　　64
　　五、场景5：延伸化服务　　67

第三部分　数字社会篇　　71

第7章　智慧城市：社会治理的现代化转型　　72
　　一、从数字城市到智慧城市的演变　　72
　　二、数字孪生赋能新型智慧城市建设　　74
　　三、基于物联网技术的智慧楼宇　　76
　　四、5G技术在智慧园区领域的应用场景　　80

第8章　智慧教育：构建教育信息化新生态　　85
　　一、智能时代的教育变革与转型　　85
　　二、基于AI技术的智慧教育产品　　88
　　三、VR技术在教育领域的应用场景　　91
　　四、数据驱动的智慧校园解决方案　　93
　　五、基于大数据的智慧校园管理平台　　95

第9章 智慧医疗：科技重塑传统医疗格局   98
   一、智慧医院：驱动医院数智化转型   98
   二、智慧医院信息化平台建设方案   101
   三、大数据在智慧医疗中的应用   103
   四、基于 AI 技术的医学影像应用   107

第10章 智慧金融：AI 开启金融科技新浪潮   110
   一、AI+ 金融：赋能金融科技创新   110
   二、智能理财：个性化财富管理服务   113
   三、智能投顾：投顾机器人的应用   116
   四、智能客服：助力金融业降本增效   117
   五、智能银行：颠覆传统银行业务模式   119

第四部分　数字政务篇   123

第11章 互联网+政务：赋能数字政府建设   124
   一、"互联网+"驱动政府数字化转型   124
   二、"互联网+政务"模式的实践路径   127
   三、政务大数据平台建设的思考与对策   129

第12章 AI+政务：构建智慧政务治理新路径   134
   一、AI 驱动政务治理智能化   134
   二、AI 在智慧政务中的应用场景   136
   三、基于 AI 预训练模型的实践应用   139
   四、"AI+ 智慧政务"的思考与对策   143

第13章 区块链+政务：数字政务模式的创新   146
   一、"区块链+政务"的应用优势   146
   二、"区块链+政务"的应用场景   149
   三、"区块链+政务"的应用挑战   152
   四、"区块链+政务"的实践对策   154

第14章 云计算+政务：政务云平台建设实践   158
   一、云计算在电子政务中的应用优势   158

二、政务云平台的总体架构与设计要点　　160
三、政务云平台模式构建与机制建设　　163

第五部分　数字企业篇　　167

第15章　战略规划：企业数字化转型实施路径　　168
一、战略体系：构建数字化转型框架　　168
二、路径规划：战略实施的五个步骤　　171
三、战略解码：描述清晰的转型目标　　174
四、目标拆解：确保数字化转型落地　　176

第16章　组织变革：构建面向未来的敏捷组织　　179
一、数字化时代的组织变革与转型　　179
二、数字化组织落地的实战策略　　181
三、平台型组织与生态型组织　　185
四、数字化业务敏捷组织的四个要素　　189

第17章　领导力变革：引领企业实现持续增长　　192
一、技术革命驱动的敏捷型组织　　192
二、敏捷型组织与领导者思维变革　　195
三、数字化时代的领导者画像　　196

第18章　HR进化：数字化时代的人力资源管理　　201
一、新原则：传统HR管理的进化　　201
二、赋能员工：打造终身学习型组织　　202
三、人才招募：建立公司的雇主品牌　　203
四、体验至上：有效增强员工敬业度　　205
五、绩效变革：构建新型的绩效体系　　206

第一部分

数实融合篇

第1章
数字经济：
擘画"数字中国"新蓝图

一、数字经济的起源、概念与特征

1962年，美国经济学家弗里兹·马克卢普（Fritz Machlup）曾出版一本名为《美国的知识生产与分配》的书籍，这本书提到了"信息经济"的概念，其基本内容也即数字经济的雏形。在之后的几十年里，全球的信息技术持续发展，并广泛应用于各个领域，这一背景下，信息经济模式也在不断演变和进化，数字技术逐渐展现出独特的优势，并成为先进信息技术的代表。随着数字技术的持续发展，"数字经济"模式诞生，它作为一种新的经济发展模式，将引领新时代经济发展的进程。

20世纪90年代，世界各国纷纷出台一系列数字经济的相关政策，全球数字经济的发展速度迅速提升。在1993年和1994年，美国政府相继发布了"国家信息基础设施行动计划"（National Information Infrastructure，NII）和"全球信息基础设施行动计划"（Global Information Infrastructure，GII），这意味着美国开始大规模发展数字经济。随后，数字经济发展模式便逐渐传入北美、欧洲、亚洲等地区，越来越多的国家开始建设数字网络等基础设施，以更好地推动自身数字经济的发展。

1995年，美国学者唐·泰普斯科特出版了《数据时代的经济学：对网络智能时代机遇和风险的再思考》一书，"数字经济"的概念被首次正式提出。

1. 数字经济的基本概念

自从"数字经济"的概念提出以来,国内外学者纷纷展开研究和探讨,并从以下三个不同的层面对数字经济进行定义。

(1)物质层面的定义

数字经济是指信息通信基础设施的建设和发展,或指信息数字化。这一层面的定义较为浅显和片面,普遍存在于数字经济发展初期。随着数字经济的深入发展,数字经济的定义也在不断深化。

(2)经济层面的定义

数字经济是指实体经济数字化,即利用先进的数字技术为传统实体经济赋能,将数据作为主要生产要素,推动传统经济价值创造方式的变革,提升经济发展效率,其中,传统实体经济包括农业、工业、服务业等。概括来说,这一层面的定义认为与数据和数字技术相关的经济活动都可以看作数字经济。

(3)对经济社会影响层面的定义

数字经济广泛涉及经济市场中所有相关的微观经济主体(包括生产者、供应商、消费者等)。数字经济是借助现代信息网络推动经济主体之间的协同互联,同时推动产业融合、技术融合,最终实现经济高质量发展的一种新的经济模式。在这一层面的定义中,数字经济能够促进社会大融合,对社会经济的发展和进步产生深远的影响。

综合来看,数字经济是指以数据资源作为关键生产要素,依托数字技术和现代信息网络,结合现代经济发展理论和创新理念实现信息通信技术的融合应用,同时推动全要素数字化转型,并最终驱动经济高效、稳定、健康、公平发展的全新的经济形态。随着社会的不断发展和数字技术的持续进步,数字经济逐渐成为全球经济发展的主流模式,带领经济社会向数字化、智能化的方向发展。

2. 数字经济的主要特征

数字经济作为一种全新的经济模式，与传统经济模式相比，具备以下几方面的特征，如图1-1所示。

图1-1 数字经济的主要特征

（1）低成本和规模经济

数字经济模式的出现使得经济发展的基本生产要素不再局限于土地、劳动和资本等，数据也成为基本的生产要素。相比于其他生产要素，数据要素的获取和使用成本更加低廉，并且数据资源能够创造的价值更大，因此，数字经济也具有规模经济的优势，即在数字产品的生产过程中，固定成本几乎保持不变，但生产规模会不断扩大，这样一来，数字产品的边际成本将不断降低，从而使得数字经济平均生产成本逐渐降低。

（2）融合性和平台化

数字经济的发展能够弱化各产业之间、各行业之间、各市场主体之间的边界，推动各产业之间的交互与融合，同时促进产业内部各行业、各企业、市场微观主体之间的融合，具体表现为市场主体在进行各种经济活动时会产生各类数据，这些数据又会被其他的市场主体使用，充分发挥数据的价值。

比如，消费者在购买和使用产品的过程中会产生相应的数据，生产者可以借助数字技术对这些数据进行分析，掌握消费者的需求和偏好，从而调整优化生产策略，为消费者提供最满意的产品。另外，消费者也可以直接参与生产过程，根据自身偏好对产品进行个性化定制，这样一来，生产者与消费者之间便实现了融合。

同时，各市场主体、各要素与商品在融合的过程中也会呈现出数字化特征。从生产要素来看，资金会呈现出规模等数字特征；劳动者会呈现出工龄、学历等数字特征，即全要素的数字化转型。数字特征使得各要素能够平等、透明地在相关平台进行交易和对接，这为数字经济的发展提供了有利条件，数字经济也逐渐呈现出平台化的特征。

（3）易垄断性和易扩张性

在数据成为基本生产要素的数字经济时代，拥有雄厚资金和技术优势的大型互联网企业容易形成垄断，这些企业能够利用先进的数字技术全面收集并动态分析用户的消费行为相关数据，掌握用户的消费需求与偏好，并为其推荐合适的产品，从而增强用户的黏性。也正是这种特性使得互联网企业能够在供需对接中建立垄断地位，同时，这种超大规模的用户优势也能助力互联网企业向各个领域扩展和延伸。

二、双轮驱动：数字经济的"一体两面"

近年来，随着人工智能、大数据等技术快速发展，数字经济也进入快速发展阶段，成为推动经济社会运行模式与治理模式变革的重要力量。同时，数字资源也实现了跨界流动，以产业数字化和数字产业化为基础的数字创新逐步成为驱动经济体系重构的关键要素。

数字经济中的数字化泛指利用先进的数字技术改造经济发展模式，推动经济实现快速发展。对于数字经济来说，数字技术的进步是其发展的核心驱动力，会对产业经济结构造成直接影响，决定其未来的竞争力。

1. 数字产业化与产业数字化

传统产业引入数字技术之后会呈现出两种发展趋势，如图1-2所示。

图1-2 传统产业引入数字技术的发展趋势

- "互补整合"：数字经济中的生产要素与非生产性增值活动相结合，催生一种新的产业形态。
- "优化整合"：数字经济中的生产要素与生产性增值活动相结合，颠覆传统的劳动密集型生产方式，对大规模流水线作业流程进行分解，重新定义规模效应，实现降本增效。

产业数字化与数字产业化是传统产业借助数字技术转型发展与数字技术在产业层落地应用的交互过程。全面推进数字产业化和产业数字化，促进数字经济与实体经济融合发展，已经成为我国经济发展的一项重要战略。在经济从高速发展向高质量发展转型的关键阶段，我国要在数字经济等新兴产业领域积极布局，不断拓展新的生产方式，驱动经济实现高质量发展。

数字经济一般涵盖了两大内容：一是数字产业化；二是产业数字化。数字产业化指的是数字产业可以从技术、产品、服务、基础设施、解决方案等层面为产业数字化提供支持；产业数字化指的是数字融合产业，也就是利用数字技术与数据资源为传统产业赋能，提高传统产业的生产效率，增加传统产业的产出，是数字经济与传统产业深度融合的结果。

数字产业化能够为数字技术的迭代发展与广泛应用奠定良好的基础，为数字经济的发展提供源源不断的动力；产业数字化是数字技术在各行各业落地应用，是提高行业生产力与生产要素配置效率的重要表现。数字产业化与产业数字化不仅是数字经济的两大内涵，也是数字经济发展质量的重要衡量指标。

从产业网络来看，在数字经济时代，生产要素的流动变得更加复杂，产业结构之间的联系变得更加密切，产业发展对技术提出了更高的要求。数字产业部门与传统产业部门之间的要素流动使得数字产业化与产业数字化紧密地联系在一起。随着数字经济进入数据价值化、数字产业化、产业数字化和数字化治理协同发展阶段，依托于数字技术创新的数字经济体系打破了现有信息通信产业的范畴，成为驱动产业组织变革与社会形态变迁的重要力量。

2. 数字产业化：数字经济的基础

在现有的产业结构中，数字产业占据着十分重要的地位。随着数字技术与传统产业深度融合，以人工智能、大数据、云计算为代表的新一代信息技术在生产制造的全过程、产品的全生命周期以及全产业链实现了广泛应用，企业的生产、组织与商业模式创新在传统创新管理理论的基础上引入了数字创新理念。

基于数字技术的数字产业包含很多门类，美国商务部经济分析局将数字产业划分为三大分类，分别是数字化赋能基础设施、电子商务和数字媒体；中国国家统计局在《数字经济及其核心产业统计分类（2021）》中将数字产业划分为五大门类，分别是数字产品制造业、数字产品服务业、数字技术应用业、数字要素驱动业、数字化效率提升业。《数字经济及其核心产业统计分类（2021）》的发布标志着中国数字化产业在统计层面正式确立。

3. 产业数字化：数字经济的延伸

产业数字化指的是亟须提质增效的传统产业利用数字技术与数据资源实

现全方位升级与改造的过程。在这个过程中，以人工智能、云计算、边缘计算（Edge Computing，EC）、5G等为代表的数字技术创新贯穿产业创新的全过程，数字技术的应用可以提高传统产业的生产效率，增加产出，推动产业结构升级。

目前，行业已经普遍认可数字技术对经济增长的影响与贡献，数字技术在改造传统产业、推动传统产业转型升级方面发挥出愈发重要的作用，它不仅可以提高传统产业全要素的生产率，而且可以通过广泛的数字化连接打破时空局限，促使相关产业的行业增加值不断增长。随着数字技术在各行各业实现渗透应用，数字技术与产业应用将实现良性互动，呈现出创新发展的新格局。也就是说，随着数字技术快速发展，产业数字化已经成为一种不可逆转的趋势。

三、协同推进数字产业化与产业数字化

作为数字经济的两大分支，数字产业化与产业数字化看似彼此独立，实则相互依存、密不可分。二者共同拉开了数字经济时代的序幕，也创造了数字技术与产业融合的新范式。这样一来，数字经济想要实现进一步发展，必须充分发挥数字产业化与产业数字化的协同作用，促使二者实现良性互动与同步发展。

1. 避免结构失衡，提高产业数字化水平

近年来，虽然很多传统产业纷纷开展数字化转型，但转型的进程普遍比较慢，需要针对产业数字化比较薄弱的环节及时进行调整，促使数字资源全面融入传统产业，防止部分传统产业在数字化的过程中被抛在后面，形成"产业孤岛"。

另外，产业数字化与数字产业化发展过程中可能出现结构性矛盾，企业要及时发现这些矛盾，解决产业数字化供给不足的问题，以免数字经济在发展过程中出现结构失衡。具体来看就是，企业要充分挖掘数字产业的供给潜能，

扩大数字技术变革的影响范围，增强对产业数字化的影响，提高产业数字化水平。

2. 研发关键技术，推进数字产业技术创新

在驱动我国经济高质量发展、提高产业竞争力的各个因素中，数字技术创新已经成为一个至关重要的因素。

数字技术的创新发展与广泛应用为产业数字化提供了强有力的支持，因此企业需要围绕产业数字化不断调整发展方向，推进数字产业化发展进程，加强对关键技术的研发，提高关键技术的供给能力，推动数字技术创新成果在行业落地转化，最大限度地满足产业数字化需求，为国家数字创新体系建设提供支持与助力，进而提高全要素的生产率。

3. 制订顶层规划，助力数字经济发展

数字经济的发展需要政府对数字产业的发展进行合理规划，促使数字产业各细分行业实现统筹发展。近年来，我国很多省市围绕数字经济出台了很多政策与措施。需要注意的是，各地数字经济的发展必须符合当地的实际情况，不能盲目复制其他省市的发展模式，也不能一味地追逐最新技术。

另外，政府要围绕数字技术的发展制订顶层规划，结合经济区位的特点创造独具特色的发展模式，将特色数字产业整合到一起形成集群，引导传统产业集群开展数字化转型，以免陷入同质化竞争；鼓励企业自由探索数字化转型模式，给企业留出弹性调整空间，促使传统产业与数字产业实现深度融合，以调整数字经济结构，推动传统产业实现数字化转型。

4. 给予政策引导，提升产业数字化竞争力

门类比较多的产业在数字化的过程中要关注政策兼容性问题。政府在制定数字产业化与产业数字化政策时要关注政策的主次之分，考虑数字产业化与产业数字化的发展规律与发展趋势，把握政策的着力点。

对于积极探索数字化转型的产业，政策要给予一定的政策引导，为其提供广阔的发展空间，鼓励其充分发挥主动性与创造性；对于在数字化转型方面表现不积极，而且上下游关联比较密切、数字化转型难度比较大的产业，为了提高产业数字化转型的积极性，政策可以给予一定的税费优惠。总而言之，数字经济政策要有针对性，实现政策与产业的精准匹配，以全面提高产业数字化的竞争力。

四、我国数字经济的创新路径与趋势

实体经济是国力之本，也是强化发展战略优势的重要支撑，而数字经济是在科技革命和产业变革的基础上发展起来的新经济形态，数字经济的高质量发展能够有效提高我国产业的现代化水平和国际竞争力，因此我国应大力推进实体经济与数字经济深度融合，正确认识实体经济与数字经济的融合发展路径从而在世界经济竞争环境中牢牢把握数字化带来的发展机遇。图1-3为我国数字经济的创新路径与趋势。

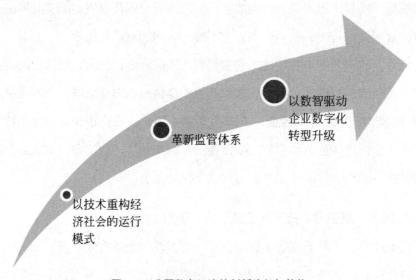

图 1-3　我国数字经济的创新路径与趋势

1. 以技术重构经济社会的运行模式

当前,数据已成为促进产业发展的重要资源,为了提高数据资源的利用率和利用效率,我国大力推动云计算、人工智能和边缘计算等新一代数字信息技术的快速发展,利用数据驱动生产高效化,充分发挥生产潜能,革新商业模式,从而实现社会经济运行效率的大幅提升。

美国知名公共政策研究机构布鲁金斯学会曾预测,未来10年,AI将会为全球带来数十万亿美元的产出增值,并驱动各国经济转向服务驱动型;波士顿咨询公司曾预测,云计算技术的应用能够为企业节省15%左右的IT成本。由此可见,各项新兴技术的应用既可以创造价值,也能够减少企业的成本支出。

随着数字经济的不断发展,教育服务、医疗卫生服务、企业办公等多个方面都将发生巨大变化,比如:

- 在教育服务领域,数字信息技术可以搭建数字化的教育平台,将教师授课和学生听课的地点由线下转移至线上,让教育行业能够以远程教育的方式为更多的学生提供教育服务;
- 在医疗卫生领域,数字信息技术可以构建"互联网医疗"体系,促进医疗信息共享,并推动远程医疗快速发展;
- 在企业办公领域,数字信息技术的应用既可以实现线上协同办公,帮助企业提高工作效率,也可以改变工作性质和就业模式,优化就业结构和收入分配结构,完善相关劳动法规和保护措施。

2. 革新监管体系

由于数字信息技术的发展速度远远超过各个国家完善相关法律法规、出台相关政策文件以及革新监管制度体系的速度,因此未来几年内,全球各国都将加快制定和完善相关监管规则的步伐,大力推进监管架构、监管体系、法律框架和政策体系的革新工作,并从伦理规范、网络安全、产业政策、技术标准、生态系统、消费者保护和数据可用性等各个方面进行全面创新。

目前，全球已有多个国家利用数字信息技术创设"监管沙盒"和"政府试验台"等新型监管工具，并革新监管方式，从而达到提高问题解决效率的目的。

3. 以数智驱动企业数字化转型升级

随着第四次工业革命的不断推进，数字技术将逐渐融入研发、生产、制造、服务、消费等产业链生命周期的各个环节当中，数字经济与实体经济的融合会越来越深入，无法满足数字时代生产制造需求的技术和工艺将会被数字化企业舍弃，无法适应数字化发展趋势的企业也难以在市场竞争中赢得一席之地。由此可见，数字化转型将成为企业生存发展的重要支撑和必然选择。

与此同时，面对数字化转型带来的发展机遇，各行各业都应积极加入数字化转型浪潮中，将数字技术融入各个工作场景中，在满足市场需求的同时推动技术创新、工艺创新、生产模式创新。同时，面对数字化创新带来的机遇和挑战，企业需要权衡利弊，根据自身实际情况进行选择，积极推动技术创新可能会大幅提高生产力水平，但也会伴随着巨大的风险；同样，固守传统生产技术和生产模式在规避风险的同时也可能错失发展的良机，导致企业难以跟上时代发展的步伐，最终被市场抛弃。因此，对企业来说，是否进行数字化转型以及如何推进数字化转型都是需要慎重思考的问题。

为抢占数字时代的发展先机，全球各国正不断加快数字经济布局，力图为未来经济发展赢得竞争主动权。比如，美国为确保自身在数字经济领域的全球霸主地位大力推动数字技术创新，欧盟为巩固自身"数字化转型的全球领导者"的地位积极出台相关战略性文件并加快技术研发。

随着数字媒体、信息通信等技术的快速发展，引领数字经济发展的国家的数字技术水平将越来越高，在市场竞争中的优势也会越来越突出，在这种情况下，数字经济市场将会逐渐形成市场垄断的局面。因此，我国应积极把握数字经济发展带来的机遇，开拓数字经济发展新局面，抢占数字经济发展先机，打造数字经济发展优势，占领数字经济发展的国际制高点。

对我国来说，推动数字经济与实体经济融合发展以及促进技术创新和产业革新是强化经济实力、提高科技水平、建立发展优势的重要途径。数字经济对全球各国来说都是一个全新的发展机遇。因此，在数字经济的发展方面，我国不仅有与各个发达国家相同的起点，还具有比发达国家更大的人口规模、数据资源规模以及更广阔的数字应用领域。

由此可见，数字经济的高质量发展能够有效增强我国的经济实力，帮助我国抢占新一轮科技革命带来的发展机遇。

第 2 章
数实融合：赋能中国经济高质量发展

一、数实融合：构建实体经济新生态

在当前的数字时代，数字经济的发展深刻影响着实体经济，为实体经济的发展带来了前所未有的机遇，为此各行业纷纷加强数字技术的应用，发挥数据资源的价值，推动自身朝向数字化、网络化、智能化的方向发展，从而提升自身的竞争实力，实现长远发展。

具体来看，数字经济主要从以下四个方面影响着实体经济的发展，如图2-1所示。

图 2-1 数字经济影响实体经济发展的四个方面

（1）数据资源

随着数字经济的发展，经济市场主体的活动纷纷通过数字平台进行，数字

平台也因此积累了大量的经济行为数据。数据越来越成为经济发展不可或缺的要素，并且随着数据技术的持续发展和运用，数字产业化的趋势越来越明显，并催生了一批围绕数据开展业务的公司，如数据收集和存储类公司、数据分析和建模类公司等，从而形成了一个全新的"数据价值链"，进而实现数据创造价值。

在数据成为经济发展驱动要素的背景下，大量的数字平台开始涌现。现阶段的数字平台主要分为交易平台和创新平台两种，是数据驱动经济发展的载体，参与者可以依托数字平台进行更好的交流和互动，从而实现更加高效的交易和合作，推动经济的发展。

（2）数字基建

近年来，数字技术实现了快速发展和广泛应用，基于数字技术的新型基础设施建设规模也在不断扩大，比如5G基站、特高压、大数据中心、工业互联网等。这些新型基础设施不仅能够支持数字经济的发展，而且可以为实体经济的发展提供高效的载体，并且各类新型基础设施可以通过实时互联的网络实现信息实时交互，进一步推动了实体经济的发展。

（3）数字贸易

数字贸易是指信息通信技术主导的贸易形式，一种是通过信息通信技术进行实物商品的宣传和交易；另一种是借助信息通信网络对虚拟数字商品进行贸易，如数据、数字产品、数字化服务等。数字贸易能够丰富经济贸易形式，扩大经济贸易范围，提升商品交易效率，最终促进全球经济的快速发展。

（4）数字化转型

随着数字技术的快速发展和深入应用，实体经济的生产效率和发展水平得到了前所未有的提升。这主要是因为数字技术的应用为实体经济的发展注入了新动能，越来越多的行业利用数字技术开展数字化转型，各行业领域的数字化特征日趋明显，并且随着数字技术的进一步应用，数字经济和实体经济逐渐开始融合，共同推动全球经济实现高质量发展。

二、科技自立：突破关键核心技术

现阶段以及未来一段时期是我国推动数字经济与实体经济融合发展的关键时期，也是我国占领数字经济未来发展制高点的黄金期。数字技术的发展和应用能够革新我国经济的发展理念、发展业态和发展模式，促进技术与社会生活各个领域以及社会生产各个环节的深度融合。未来，我国应大力推动数字经济与实体经济深度融合，强化问题导向和目标导向，并以技术创新加快推动数字产业化，对传统产业和传统发展模式进行全面优化升级，进一步打造数字经济和实体经济融合发展的优势。

对我国来说，核心技术的研发是推动数字经济产业创新和国际竞争力提高的难点。因此，我国应积极解决核心技术难题，并大力推进数字经济与实体经济深度融合，从而进一步加快数字经济发展步伐。

1. 发挥新型举国体制的制度优势

我国应充分发挥国家和政府的组织布局作用，根据数字经济产业的实时变化情况优化相关政策，提高政策的灵活性，为部分前景好、难度大、风险高、周期长的核心技术和科研项目提供政策支撑。同时，也要充分发挥市场的调控作用，提高各类资源的利用率和利用效率，让各个创新主体能够在最大程度上发挥出自身的潜能，积极进行技术创新和模式创新，从而驱动数字经济产业链各环节不断创新，引导数字经济高质量发展。

（1）加大技术创新资金支持

应拓宽资金支持渠道，以多种不同的方式为技术创新提供资金支持。在具体实践中，可以从其他国家的案例中汲取经验和灵感，例如，美国以风险投资机制来为数字经济领域的技术创新提供创新资金，并通过推动云计算政府采购工作来促进云计算快速发展。

（2）加强国际技术标准制定

应积极参与相关国际标准的制定工作，推动相关技术标准与国际接轨，让先进的数字技术能够在国际范围内得到广泛应用，从而提高我国在数字经济领域的影响力和竞争力。

（3）强化人才育留机制

应加强对数字经济领域高端人才的培养和引进，创新数字人才引进举措，不断提高对人才的吸引力，并加强对数字人才的培养，提高数字经济领域人才的综合能力，实现引培并举。同时加强人才储备，打造数字人才聚集高地，从而为我国数字经济发展提供高质量的人力支持。

2. 深化科技创新体制机制改革

随着时代的发展，市场、政治、经济、文化和时代风气等多个方面均发生了巨大变化，这为数字经济的发展带来了一定的挑战。因此，我国应该在顺应时代趋势的同时加强科技创新，并持续深入推动科技体制改革，为相关技术提供良好的创新发展环境，同时培育并壮大创新主体，激发创新主体的积极性。

具体来说，我国应从以下两个方面入手推动科技体制改革：

其一，针对科研成果难以市场化的原创性基础研究领域，我们需要为科研人员提供良好的科研生态。具体来说，应以尊重科研规律为前提，建立宽松自由的科研创新环境，营造尊重劳动、尊重知识、尊重人才、尊重创造的氛围，制定并完善服务制度和激励制度，提供多样化的科研资源，并构建科学合理的评价体系和有效的保障体系，从而让科研人员能够潜心研究。在科研方面，需要采取多种措施引进高层次科技人才，并加强人才育留工作，避免人才流失，推进科技人才队伍建设，让科研人员能够脚踏实地地开展科技创新工作。

其二，针对科研成果可以市场化的应用研究领域和部分基础研究领域，我们需要强化激励与约束，并提高管理体制机制的高效性。具体来说，应推动科技体制创新，利用市场机制完成资源配置工作，并利用市场化技术深化要素市场化改革，以产权保护、市场补偿等方式激活企业技术创新，让各个企业主动加大在科技创新方面的投入；同时也要构建并完善相关监管平台和监管体系，促进科研成果市场化，革新相关机制，解除机制层面对技术创新的限制，从而以科技创新推动数字经济快速发展，促进数字经济与实体经济的深度融合。

三、产业互联：驱动制造业数字化转型

随着数字技术与制造业的融合逐渐深入，制造业在产品研发、生产制造、企业管理、用户管理等各个方面的智能化程度越来越高。制造业的数字化转型逐渐成为我国实现数字经济和实体经济融合发展的重要环节。

因此，我国应该在充分考虑制造业的产业特色和实际需求的基础上，进一步扩大数字技术在制造业中的应用范围，并对整个供应链体系进行优化，提高产业链中各个重要环节的竞争力以及产业链整体的生产率，进而推动制造业全面实现数字化转型，如图2-2所示。

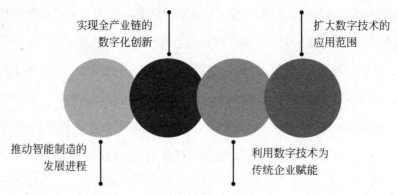

图 2-2 驱动制造业数字化转型的路径

1. 推动智能制造的发展进程

我国应进一步提高制造业相关装备的数字化程度，大力推进智能制造试点示范工作，并加快国家智能制造标准体系建设的步伐，推动我国传统制造业向智能化制造、网络化协同和个性化定制的方向转型发展。

2. 实现全产业链的数字化创新

我国应将大数据、人工智能等数字技术融入传统产业的产业链各个环节当中，提高企业在营销、协作、生产、研发、物流、服务等各个环节的数字化和智能化程度，大力推动传统企业实现数字化转型。

3. 利用数字技术为传统企业赋能

我国应利用数字技术为传统企业赋能，建设数字化新型企业、"专精特新"企业（具有"专业化、精细化、特色化、新颖化"特征的企业）、制造业单项冠军企业，围绕企业推动数字经济与实体经济深度融合，打造全新的经济发展形态。

2021年12月，国务院印发《"十四五"数字经济发展规划》，该规划强调"鼓励和支持互联网平台、行业龙头企业等立足自身优势，开放数字化资源和能力，帮助传统企业和中小企业实现数字化转型"。

4. 扩大数字技术的应用范围

我国不仅要大力推动制造业数字化转型，还要加倍重视农业数字化转型和服务业数字化转型，加快数字技术在农业和服务业中应用的步伐，提高农业数字经济渗透率和服务业数字经济渗透率，进而推动数字经济与实体经济在多个领域融合发展，为经济的可持续发展提供充分的保障。

四、数字基建：实现数实融合的基石

我国应推进新型基础设施建设，并利用数字化技术和智能化技术为数字经济构建一个适合发展的生态环境，从人才、政策、制度、信息安全等多个层面为数字经济与实体经济的融合发展提供支撑。

我国应加大在新型基础设施建设方面的投入，并提高建设质量，加快建设速度，从基础设施层面支持数字经济发展。不仅如此，我国还应加快构建超算中心和大数据网络中心，推进工业互联网平台等基础设施建设，提高各项基础设施的数字化程度，进而提高实体经济在数据获取、数据存储、数据分析和数据处理等方面的能力。

1. 推进数字政府建设

我国应大力推进数字政府建设，并将5G等技术融入数字政府建设中，打造优质的数字化营商环境，同时也要进一步提高政府服务热线的标准化、规范化和便利化程度，并推进政务新媒体建设，全面推进政务服务"一网、一门、一次"改革，进而达到提高窗口服务效率、政务服务水平和政务服务质量的目的，为群众和企业提供便捷。

2. 建立健全法律法规

我国应加快建立健全数字监管相关法律法规的步伐，以法律文件的形式对数据产权归属、数据使用规则、数据隐私安全等进行规范和管理，进一步提高在数字经济市场方面的管理能力，从而积极应对数字鸿沟、算法歧视、恶性竞争等问题。同时，也要借助AI伦理指南和数据治理委员会来保障数据资源流通的安全性，并吸引用户等利益相关主体主动参与数据治理，从而进一步加强对数据安全和数据隐私的保护。

3. 推动商务服务转型

我国不仅要利用数字技术手段优化政府服务质量，还要积极推进商务服务数字化转型，比如，国务院在《"十四五"数字经济发展规划》中就提出"全面加快推动商贸、物流、金融等服务业数字化转型，优化管理体系和服务模式，提高服务业的品质与效益"。除此之外，我国还需要构建并充分利用产业互联网，围绕供应链金融和服务型制造等内容革新发展模式，帮助企业打通创新链、供应链、产业链、数据链、人才链、资金链、服务链，从而进一步推动产业融合，实现多个层次、多个链条之间的相互渗透、相互交叉。

第 3 章
数字治理：
推进国家治理体系现代化

一、数字治理：赋能数字经济行稳致远

数字经济能够利用数字化技术优化资源配置，提高经济发展效率，驱动经济高质量发展，因此我国应大力发展数字经济，打造新的增长点、增长极❶，激发经济发展新动能。数字经济的发展与数字经济治理息息相关，因此我国应建立健全数字经济治理体系，完善体制机制，提高数字经济治理能力，在制度层面为数字经济的健康持续发展提供强有力的保障。

数字经济是一种融合了数字技术和实体经济的新型经济形态，能够利用大数据、物联网、云计算、区块链等新一代数字信息技术来推动生产力快速发展，提升经济社会的数字化、智能化程度，进而通过产业数字化来提高社会效率、重整要素资源、重塑经济结构。

随着数字经济的快速发展，传统的治理方式已经难以有效发挥作用，为此我国政府应大力推动数字经济治理体系建设，针对数字经济的特点和治理需求、融合互联网技术和信息化手段制定全新的治理机制，进一步提高数字经济治理水平。

1. 促使数字经济健康快速发展

近年来，我国数字经济建设的步伐不断加快，数字经济的数据体量、创新

---

❶ 增长极：发生支配效应的经济空间中的推进性单元即增长极，经济增长极指具有推动性的经济单位或具有空间聚集特点的推动性单位的集合体。

创业活跃度、线上线下融合度和市场结构的复杂性等均大幅提升，这导致数字经济治理的要求迅速升高，传统的经济治理手段已经无法充分满足当前数字经济发展的需求。

依托于互联网技术和信息化手段的大数据系统具备分析、管理、决策和服务等多种功能，能够推动数字经济治理体系快速革新，并创新公共服务模式，提升经济治理水平，提高决策的科学性和准确性，帮助企业解决缺位、越位、错位等经济治理问题，从而规避经济风险，保障数字经济健康发展。

2. 建设网络强国和数字中国

国家数字经济治理体系的现代化建设有助于为我国建设网络强国和数字中国奠定基础，强化我国数字经济的国际竞争力。具体来说，互联网技术和信息化手段在数字经济治理中的应用能够有效推动数字经济良性发展，从而为建设网络强国和数字中国奠定良好基础。

与此同时，由于现代化的数字经济治理离不开完善的网络基础设施，因此我国在推动数字经济治理现代化的同时也会加强网络基础设施建设，在硬件层面为网络强国、数字中国建设提供有效支撑。

3. 发挥技术的赋能作用

数字经济治理是国家治理体系的重要组成部分，推动数字经济治理现代化是优化国家治理体系、增强经济治理能力的重要举措。大数据、互联网、人工智能等数字化技术在实体经济中的应用有助于推动经济向数字化发展。

随着经济数字化程度不断加深，未来数字经济将发展为现代化经济体系的重要内容，因此我国应充分发挥互联网技术和信息化手段对数字经济的赋能作用，并借助大数据分析等技术为我国的国家治理现代化决策提供数据支持，从而及时发现我国数字经济发展过程中出现的各类问题，完善和修改相关经济政策，提升数字经济治理水平，进而达到提高治理效率和治理效能以及节约治理成本的目的。

4. 深化数字经济国际合作

数字经济是一种融合了互联网的经济形态，由于互联网具有开放共享的特征，因此数字经济也具有开放性和共享性。对我国来说，应积极参与全球互联网治理体系建设，推动互联网治理体系革新，完善数字经济相关政策，制定科学、合理、有效的发展战略，并进一步深化数字经济国际合作，推动数字经济与互联网协同发展，促进数字经济高水平对外开放。

与此同时，我国还需要加快推动国家治理体系和治理能力的现代化建设，这不仅有助于维护网络秩序、净化网络空间、防范数字经济风险，还能充分发挥数字经济的正外部效应，帮助国际市场中的其他国家防范数字经济风险，从而提升全球互联网治理水平，为全球网络空间的安全提供保障，促进全球数字经济健康发展，重塑国际关系，加快构建人类命运共同体的步伐。

二、提升数字经济治理能力的主攻方向

为确保数字经济持续健康发展，我国应提高数字经济治理能力。具体来说，要以数字技术赋能经济供给侧结构性改革，建设现代化的数字经济体系，并将数字经济治理作为建设重点，推动实体经济、科技创新、现代金融、人力资源协调发展，提高数字经济的创新能力，提升全要素生产率，增强我国数字经济在国际范围内的市场竞争力，进一步推动我国数字经济高质量发展。

1. 加快信息基础设施建设步伐

在信息基础设施建设方面，我国存在地区发展不平衡、设施联通不畅等问题，尤其是城市和乡村、东部和西部之间的信息基础设施建设差异较大，这严重影响了区域间数字经济的协调发展，导致数字经济总体难以实现充分发展。

为了推动数字经济全面发展,加快网络强国、数字中国建设,促进乡村振兴,实现区域协调发展,我国必须加快建设信息基础设施的步伐,尤其是革命老区、民族地区、边疆地区和贫困地区,要进一步提高信息基础设施的安全性、移动性、先进性、可控性和便捷性,推动信息基础设施网络向高速泛在的方向发展,并扩大信息基础设施的覆盖范围,让各个地区都能借助信息基础设施发展数字经济。

2. 推进数字技术和实体经济的深度融合

随着互联网、大数据、人工智能和实体经济的深度融合,实体经济原有的组织结构、生产方式、营销方式和管理理念均在逐步发生改变,具体来说,这些技术的应用为实体经济带来的变化主要体现在以下几个方面,如图3-1所示。

图3-1　数字技术的应用为实体经济带来的变化

(1)生产定制化、柔性化

企业可以利用大数据等技术手段深入挖掘分析消费者的个性化需求,并根据多样化的市场需求打造大规模混线生产体系,从而充分满足消费者对产品和服务的需求。

（2）管理扁平化、精细化

企业可以利用互联网等技术手段减少管理层次、精减管理人员、扩大管理幅度，从而达到提高管理效率和降低管理成本的目的，同时，扁平化的组织结构有助于实现信息的有效传递，能够解决各类由信息不对称造成的问题。

（3）营销在线化、全渠道化

企业可以以电子商务的方式加强与线上平台的合作，打通线上线下全渠道营销，通过线上线下的融合实现线上电商平台与线下商超的优势互补，从而进一步提高供需匹配效率以及企业和平台的市场竞争力。

3. 平衡数字经济与传统经济的关系

数字经济与传统经济之间既存在优势互补的关系，也存在资源、利益和市场等方面的竞争关系。近年来，随着数字经济飞速发展，数字经济与传统经济之间的竞争也不断加剧，为了确保数字经济稳定发展，充分保障国民经济发展的质量和效益、保护公众利益、维护政府公信力，我国必须平衡好数字经济和传统经济之间的关系。

具体来说，我国需要以顺应当前以及未来一段时间内全球经济的发展趋势和国家发展战略的落地实施为前提，妥善协调各方面利益关系，并积极制定、完善和落实相关政策。一方面，政策的制定应符合传统产业转型的实际情况和需求，且有助于传统产业解决转型过程中遇到的各类难题；另一方面，政策的完善和落实应支持数字经济创新发展，并为数字经济打造规范有序、公平竞争的市场环境，为网络信息技术与传统实体经济的融合提供重要支持。

4. 重视数据共享技术与数据安全

数据共享技术在数字经济治理中的应用有助于降低信息不对称程度、提高企业的治理水平、帮助企业规避道德风险和逆向选择等问题，同时也有助于节省在交易和治理方面的成本，进一步突出公共服务和公共产品的数字化、智能化和融合化特点，促进数字经济公共产品和公共服务走向均等化、普惠化，进一步提升社会福利水平。

数据共享能够让数据的流通变得更加高效、便捷，但同时企业也要重视数据安全，协调数据共享和数据安全之间的关系，建立健全数据安全相关制度，优化数据安全共享技术，进一步规范数据共享行为，深挖严打非法采集、非法窃取、非法倒卖数据等数据安全违法犯罪行为，防止数据在采集、索引、提取、分析、报告等环节被窃取或篡改，进而实现数据的安全共享。

5. 革新行政管理模式和管理体制

数字经济的快速发展催生出新的市场主体、市场客体、市场载体和市场交易规则，传统的行政管理模式已经无法为数字经济提供有效的管理服务，因此企业需要根据数字经济发展的实际情况革新行政管理模式。

具体来说，网络信息技术的发展使得数字经济能够通过网络跨境提供多种服务，如网络交易、跨地域交易、跨境电子商务全天候交易等，而现场查验账册和凭证、"属地化"分块管理、"规模化"管理等传统的管理方式无法满足数字经济发展的要求，不利于推动数字经济创新发展，因此，各个相关部门应积极革新管理方式和管理体制，借助新的管理手段来破除传统管理方式对数字经济发展的限制，提高数字经济治理水平，促进数字经济长期健康发展。

三、构建多元化数字经济治理模式

推进数字经济治理能力现代化需要在国家治理、行业自律、平台治理和社会监管的基础上打造多元化数字经济治理模式，具体体现在以下几个方面：

- 在立法和执法方面，需要通过国家治理来建立健全相关法律法规和政策制度，并确保相关制度体制落地；
- 在行业规范方面，需要通过行业自律来统一行业标准、规范企业行为；
- 在平台竞争方面，需要通过平台治理来完善平台规则体系，强化对平台内部企业市场竞争行为的监督和管理；

- 在消费者权益保护方面，需要通过社会监管来实现舆论监督，增强消费者的维权意识，切实保护消费者的合法权益。

总而言之，我国应构建数字经济多元共治平台，着力推动多个主体共同治理。该平台的具体职责应当包括以下三项：

- 为多元主体协同治理提供信息交流和共享服务，确保数字经济治理在理念、模式、标准、政策等方面协调统一，避免各个主体之间出现政策冲突；
- 明晰各个治理主体之间的权责界限，并构建数字化绩效考评体系，完善针对数字经济治理主体的绩效管理制度；
- 完善数字化社会信用体系，建立数字经济治理黑名单，将失信联合惩戒对象列入黑名单当中并进行共享，让违法者付出更高的成本，从而强化行业自律。

推进数字经济治理能力现代化需要强化数字经济在全球范围内的协同治理，加强数字经济治理方面的国际合作，推动全球数字经济治理变革。全球数字经济治理在协作方面有着较高的要求，一方面要整合全球资源来加强国际社会间的通力合作和有效协同；另一方面也要加强行业协会、平台企业、社会智库、科研机构等相关组织之间的交流合作，完善全球数字经济治理体系，以协同治理的方式为数字经济的健康发展提供保障。

在数字经济治理理念方面，我国应围绕平等、互利、共赢来推进全球各个国家在数字经济治理方面的协作，并给予每个数字经济参与主体同等的尊重，支持全球各国积极参与全球数字经济发展和治理，加强数字经济失信信息、犯罪信息等在各个参与主体之间的共享，严厉打击失信行为、犯罪行为等影响数字经济发展的行为。

我国应加快完善数字经济治理相关政策，积极参与制定统一的数字经济治理国际规则，构建全球数字经济治理体系，消除各方分歧。同时，我国也要组建用于解决数字贸易争端问题的国家数字经济治理领导机构，推动全球数字贸易体系建设，促进全球数字贸易向自由化发展。

四、推动我国数字治理体系的实践对策

推进数字经济治理能力现代化是我国数字经济治理的重要环节，为提高数字经济治理能力现代化水平，我国应积极创新治理理念和治理模式，从制度层面和技术层面入手，建设并完善数字化治理体系，以法治创新推动数字经济规范发展，同时加强政府、企业、社会、媒体等多个领域之间的协调配合，以协同合作的方式构建数字经济治理新格局，并积极参与数字经济国际规则和标准的制定，促进全球数字经济治理协同化。

1. 创新数字经济治理理念

数字经济治理就是制定相关规则和制度来规范各个数字经济参与方的经济行为。为提高数字经济治理水平，我国需要创新数字经济治理理念，提高数字经济治理理念的创新性、公平性、共享性和有效性。

- 创新的数字经济治理理念不仅能够推动治理理念升级，还有助于优化治理制度、治理模式、治理技术，并充分发挥数字经济治理的动态特性；
- 公平的数字经济治理理念能够优化市场准入环境和竞争环境，打击垄断和不正当竞争等违法行为，从法律制度的层面保护消费者权益；
- 共享的数字经济治理理念有助于建立健全数字经济多元共治体系，促进数据共享与数字共治深度融合，进而推动数字经济健康持续发展；
- 有效的数字经济治理理念着重强调分析数字经济治理的绩效和成本，有助于提升治理效率，降低治理成本。

2. 构建数字化数字治理体系

推进数字经济治理能力现代化需要在大数据的基础上建立具备监测预警体系、信息披露体系、大数据征信体系和社会评价体系以及数据共享机制的数字

化监管系统,将原本的被动监管、事后监管升级为实时监管、行为监管和功能监管。数字化监管系统中的数据能够实时更新,因此数据造假的难度和成本大幅提升,可以充分保障监管的有效性,不仅如此,以行业自律管理为中心的监管体系也能够在实现有效监管的同时支持数字经济创新。

除此之外,我国还需要构建国家级统一信息服务数据库,打造多样化的数字经济治理模型,进一步提高数字经济治理的数字化、智能化和精准化程度,从而有效防范数字经济风险,保障数字经济健康发展。

3. 建立法治化数字治理体制

推进数字经济治理能力现代化需要引导数字经济在法治的基础上健康有序发展,具体来说,数字经济法治化应将以下三项原则、两条思路和四个方向作为重要内容,如图3-2所示。

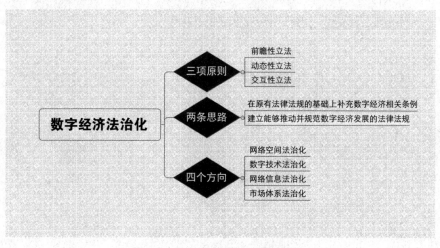

图3-2 数字经济法治化的重要内容

(1)三项原则

严格遵循前瞻性立法、动态性立法和交互性立法三项原则。

(2)两条思路

明确"在原有法律法规的基础上补充数字经济相关条例"和"建立能够推

动并规范数字经济发展的法律法规"两条思路。

（3）四个方向

数字经济法治化应该找准以下四个方向：

- 网络空间法治化，强化网络综合治理，以法律监督的方式净化网络生态，构建清朗的网络空间；
- 数字技术法治化，以法律的形式明确数字经济产权、物权的厘定规则，为专利技术、知识产权等数字经济相关的技术和权利提供司法保护；
- 网络信息法治化，加快落实个人信息保护相关法律法规，规范消费者信息管理流程，依法严惩窃取、贩卖个人信息的违法犯罪行为，为消费者的个人信息安全提供法律和制度保障；
- 市场体系法治化，建立健全数字经济规则体系，运用法律手段维护数字经济市场秩序，确保数字经济主体投融资行为的规范化，严厉制裁市场垄断等不正当竞争行为，确保市场竞争的公平性。

第二部分

工业赋能篇

第4章
工业互联网：概念、内涵与架构体系

一、智能工业时代的来临

近年来，以5G、大数据、人工智能、数字孪生等为代表的新一代信息技术实现了突飞猛进的发展，并在各行业领域实现了深入且广泛的应用。在工业领域，新一代信息技术的应用为传统工业的发展带来了颠覆性的变革，不仅极大地提升了工业发展的效率和水平，而且创新了传统工业的生产经营模式和商业模式，甚至引发了新一轮的产业变革。在这一背景下，各工业大国纷纷抓住机遇，依托自身的技术优势，结合工业发展情况和未来发展需求，围绕传统工业的数字化转型制定了一系列战略政策，力求占领新一轮竞争的高地，如美国制定了"工业互联网"战略，德国制定"工业4.0"战略，日本制定"工业4.1J"❶战略等。

在传统工业数字化转型的过程中，工业互联网是公认较为关键的转型路径之一，它能够结合新一代信息技术实现万物实时互联，为海量工业数据的采集、传输、分析和反馈提供载体。工业互联网的融合应用可以充分发挥海量工业数据的价值，一方面帮助传统产业明确发展遇到的瓶颈问题，并通过数据分析了解这些问题产生的根本原因，同时制定科学有效的解决方案，从而加快传统工业数字化转型的进程；另一方面帮助新兴产业明确未来发展前景，并推动新兴产业快速发展壮大，从而最终实现传统工业体系的变革。

---

❶ 工业4.1J：由德国"工业4.0"计划发展而来。"4.1"表示安全级别比工业4.0更高一级，"J"表示源于日本。

不过，由于工业互联网涵盖的内容十分广泛且复杂，并且其体系架构和关键技术也在不断迭代变化，因此，目前工业互联网的基本概念尚没有形成一个权威统一的定义，学术界和产业界对工业互联网的范畴也没有形成统一认知，不过相关领域的机构、学者及专家给出了自己的见解。比如，美国通用电气公司（GE）认为工业互联网是工业革命的成果与互联网的融合；德国国家科学与工程院认为工业互联网是基于新一代信息技术的人、机、物、业务活动的全面互联；我国中国科学院院士认为工业互联网是由网络体系、平台体系、数据体系、安全体系以及新一代信息技术组成的综合体系。

放眼全球，尽管工业互联网可以为全球工业带来前所未有的发展机遇，但目前各国对工业互联网的研究和应用总体上还处于起步阶段，工业互联网在理论层面和技术层面还存在很多问题，主要表现为概念和范畴不明确、理论基础不完善、体系架构不健全、核心技术不明朗等。

因此，要想通过工业互联网来推动传统工业数字化转型，需要首先解决这些问题，世界各国应当加强合作，积极探讨，结合工业互联网所带来的机遇与挑战，着重研究工业互联网的概念范畴、体系架构、关键技术以及应用路径，以高效推进传统工业的数字化转型。

二、工业互联网的概念与内涵

随着传统工业数字化转型的持续推进，工业互联网的重要性日益突出，各国政府、科研机构及企业等主体积极开展研究，从不同角度对工业互联网进行定义：

- 根据美国 GE 的研究，工业互联网是指将互联网技术应用于工业领域，并与传感技术、数据分析和计算技术等进行融合的产物，主要强调机器与人之间的连接和交互；
- 根据我国清华大学教授的研究，工业互联网是指互联网与新兴技术在工业领域的深度融合与创新应用，主要强调网络连接的重要性；

- 根据工业互联网产业联盟发布的《工业互联网体系架构1.0》，工业互联网是指互联网、新一代信息技术与工业领域进行深度融合而带来的新型综合基础设施和全新的工业生态，主要强调网络、数据和安全。

然而，随着新一轮产业革命的推进，工业互联网的概念和范畴也在不断演变和更新，基于各国政府、企业、科研机构以及专家学者的见解，结合工业发展的特征和趋势，我们认为工业互联网是指将5G、物联网、大数据、人工智能、云计算等新兴技术与互联网相结合，并深入应用到工业经济领域，实现人、机、物的全面互联，对海量工业数据进行全面收集、分析和应用，最终实现工业数字化、网络化、智能化发展的全新的基础设施、工业生态和应用模式。

在新一轮产业革命持续推进的背景下，工业物联网（industrial internet of things，IIoT）、工业4.0/5.0、智能制造等概念也纷纷出现，它们与工业互联网既有联系又有区别，下面我们对工业互联网与这些概念之间的关系进行详细的探讨。

1. 工业互联网与工业物联网

工业物联网是指利用物联网技术为工业制造流程赋能，推动工业制造模式的优化迭代，并创建服务驱动的新型工业生态体系。工业互联网与工业物联网的联系与区别如表4-1所示。

表4-1 工业互联网与工业物联网的联系与区别

项目	工业互联网	工业物联网
联系	工业互联网涵盖了工业物联网	
	都强调工业的数字化、智能化发展	
区别	除工业领域外，还延伸到企业的信息系统、业务流程和相关人员	强调物联网在工业领域的应用
	实现"人—机—物"全面互联，追求数字化	强调物与物的连接，追求自动化和智能化

2. 工业互联网与工业 4.0/5.0

工业 4.0 是指将网络生产系统（cyber-physical production system, CPPS）、全球信息网络、现代化科技等应用于工业领域，将工业生产、产品运输以及销售环节所产生的信息进行数字化处理，处理后的信息再借助信息网络进行共享和交流，从而优化生产模式，实现生产和业务流程的高度契合，最终提升服务效率和个性化水平。工业 5.0 是工业 4.0 的进一步补充和完善，它在工业 4.0 概念的基础上加入了工业互联网的标志性功能，同时要从环境或社会等非经济或技术层面考虑工业生产，此外，工业 5.0 还强调以人为本，最显著的特征是个性化定制。

工业互联网与工业 4.0/5.0 的联系与区别如表 4-2 所示。

表 4-2　工业互联网与工业 4.0/5.0 的联系与区别

项目	工业互联网	工业 4.0/5.0
联系	内核均为网络物理系统（CPS）	
	都强调工业的智能化发展	
区别	关注数字化和人工智能技术的驱动	突出研究和创新的重要性
	提高生产效率和灵活性	期望工业为人类提供长期服务
	追求生产制造的效率目标	注重以人为本以及工业生产的可持续性和弹性

3. 工业互联网与智能制造

智能制造是一种基于新一代信息技术的人机一体化智能系统，它能够借助大数据、物联网、云计算等新一代信息技术为工业制造流程赋能，实现技术和数据驱动的智能化、数字化、网络化工业生产，是工业生产的一种新形式。工业互联网与智能制造的联系与区别如表 4-3 所示。

表 4-3　工业互联网与智能制造的联系与区别

项目	工业互联网	智能制造
联系	内核均为网络物理系统（CPS）	
	工业互联网是实现智能制造的关键使能技术	
区别	通过工业平台为工业企业提供定制服务	推动制造企业的智能化发展
	为智能制造的发展模式奠定基础	愿景目标为自动化

通过以上对比，我们可以明确工业互联网与工业物联网、工业4.0/5.0、智能制造之间在概念和范畴方面的异同，从而更加深刻地理解工业互联网的概念和范畴。

综合来看，工业互联网与工业物联网都强调互联，但工业互联网更加强调"人、机、物"的全面互联，而工业物联网则更加注重物与物之间的连接，可以说，工业物联网包含在工业互联网的范畴之内；工业互联网和工业4.0/5.0都以智能制造为主导，但二者的关注点不同，工业互联网更加注重生产流程的数字化以及产品本身的智能化，而工业4.0/5.0更加注重工业的可持续性；智能制造是工业互联网和工业4.0/5.0的核心动力源，主导着二者的发展方向。工业互联网、工业物联网、工业4.0/5.0、智能制造的范畴如图4-1所示。

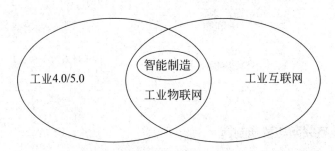

图 4-1　工业互联网、工业物联网、工业4.0/5.0、智能制造范畴

结合以上对工业互联网概念和范畴的分析，我们可以了解到工业互联网应用于工业领域，将大幅提升工业领域发展的效率，同时可以推动工业发展模式的创新升级，实现数字化、网络化、智能化的工业制造，并最终实现工业领域

的高效、高质量、可持续发展。因此，相关部门应当持续加大对工业互联网的研究和应用力度，结合新一代信息技术完善工业互联网的体系架构，持续研发工业互联网的关键技术，推动工业互联网与工业以及各行业领域的深度融合，最终实现国民经济的高质量发展。

三、工业互联网体系架构 1.0

工业互联网是新一代信息技术与工业制造深度融合的产物，是一种全新的应用架构，它能够推动工业领域关键技术的创新和进步，同时重塑工业生产生态，实现工业的智能化发展。为推进工业互联网发展，2016年8月，中国工业互联网产业联盟（Alliance of Industrial Internet，AII）发布了《工业互联网体系架构（版本 1.0）》。

工业互联网体系架构1.0指出网络、数据和安全是体系架构的三大核心，并围绕工业智能化发展分别强调了网络层面、数据层面以及安全层面的组成部分、功能以及三个层面之间的联系与交流，推动工业企业内部实现智能化生产，企业与企业之间实现网络化协同，并根据用户需求实现产品的个性化定制和延伸化服务。

（1）网络层面

主要包括云平台、产业内外部网络、上下游企业等部分，借助万物互联的网络系统实现各个部分的实时互联，支撑数据的传输与共享，促进工厂内部实现灵活组网，同时实现IP化、无线化、扁平化生产和管理，提升工厂生产和管理效率。

（2）数据层面

依托物联网、大数据、云计算、边缘计算等技术对企业、工厂、流水线的生产数据进行全面采集、加工和分析，帮助企业管理者和决策者明确生产过程中的问题，进而优化生产决策，实现产品的优化迭代，数据层面的主要功能是实现数据驱动的智能化生产。

（3）安全层面

借助新一代信息技术，结合工业互联网的体系架构创建安全保障体系，保障设备、网络、应用和数据等的安全，进而保障智能化生产的有序进行。

此外，工业互联网体系架构1.0还创建了三个优化闭环，以全面实现工业智能化制造，具体功能如下：

- 面向机器设备运行优化的闭环：结合设备运行状态和生产计划智能控制和调整机器设备的运行状态，提升生产线的智能化、自动化水平；
- 面向生产运营优化的闭环：根据企业、工厂的生产运营现状调整生产运营管理策略，提升生产管理水平，同时创建智能化的生产模式；
- 面向企业协同、用户交互与产品服务优化的闭环：结合企业发展情况、用户消费需求以及既有产品的特征优化生产资源配置，推动企业之间实现网络化协同，同时实现产品的个性化定制。

整体来看，工业互联网体系架构1.0是从宏观主体层次定义工业互联网的整体体系，这种架构的引导和规范作用较强，实用性和通用性却略显逊色，在实际应用场景中的适用性较差，从而无法高效地推动工业互联网的发展。为解决这些问题，AII对工业互联网体系架构1.0进行进一步研究、优化和创新，并在2020年正式推出了工业互联网体系架构2.0。

四、工业互联网体系架构2.0

对工业产业链中的主体而言，要创新工业技术、推广相关应用、建设生态体系，发挥工业互联网的价值，并实现工业的智能化转型，需要有一套完善的理论体系以及具有借鉴性的方法论。因此，在《工业互联网体系架构（版本1.0）》的基础上，工业互联网产业联盟经过深入研究推出了《工业互联网体系架构（版本2.0）》。

工业互联网体系架构2.0继承了架构1.0的网络、数据、安全三大功能体系，并在此基础上调整了数据体系的功能，更加注重数据的集成、分析和优化，关注数据价值的发挥，而弱化了数据传输和安全方面的功能。同时，架构2.0还增加了业务视图、实施框架和技术体系。相比于架构1.0，架构2.0更加完善和具体，实用性和通用性更强，能够为工业企业提供更加系统、具体的指导性框架。

工业互联网体系架构2.0对业务视图、功能架构、实施框架和技术体系按照一定的逻辑进行有机融合，并对功能架构的设计和具体功能进行了详细描述。各个部分的具体功能如下：

- 业务视图：从宏观和微观角度分析企业数字化转型，帮助企业明确业务转型需求以及新一代信息技术如何推动企业数字化转型，同时帮助企业了解工业互联网的价值和定位，为后续功能架构的设计提供指导；
- 功能架构：基于业务视图的指导，同时结合架构1.0的功能体系优化并完善网络、平台、安全三大体系，并详细部署各个体系的功能以及各体系之间的协同关系，打造工业数字化应用的优化闭环；
- 实施框架：包括设备层、边缘层、企业层、产业层等多个实施层级，并根据功能框架中各个模块的功能，结合企业的经营策略，在各个层级中部署网络、标识、平台及安全四个实施系统，打造高效协同的制造体系；
- 技术体系：为功能架构各个模块开展相应的业务提供技术支撑，同时为业务视图、实时框架的构建提供引导，为工业互联网推动工业数字化转型奠定技术基础。

根据工业互联网体系架构2.0的描述，完善的技术体系是工业互联网实现高效应用的关键。完善的技术体系不仅能够支撑工业互联网体系架构的建设和运行，而且能够从宏观角度对工业互联网在工业领域的应用进行精准概括，并最终借助工业互联网推动工业的数字化转型。

工业互联网技术体系主要涵盖三大类技术，即制造技术、信息技术和融合技术，相应的功能和职责如下：

- 制造技术：包括感知技术、装备技术、基础技术、控制技术等。其中，感知技术和控制技术是制造技术的两个核心部分，感知技术能够对工业生产活动所产生的数据进行全面感知和收集；控制技术能够根据指令自动控制机械装备，从而自主完成工业生产。

- 信息技术：包括通信技术和计算技术两大类。其中，通信技术有时间敏感网络（Time-Sensitive Network，TSN）、5G、窄带物联网（Narrow Band Internet of Things，NB-IoT）、工业总线等；计算技术主要包括边缘计算、云计算等技术。各类信息技术协同配合，共同负责海量工业数据的传输工作，为工业企业搭建工业互联网数字空间提供技术基础。制造技术与信息技术共同组成了工业互联网技术体系的基础。

- 融合技术：包括工业软件技术和数据处理技术两大类，能够实现海量工业数据的融合分析与处理，同时将数据处理结果反馈到应用层，发挥数据的价值，实现数据驱动的智能化工业生产。融合技术在数字优化闭环的数据流、信息流和决策流的连接和交互中发挥着至关重要的作用。

总体来看，工业互联网体系涉及的技术非常多，各项技术之间也存在着复杂的交互关系。其中，5G、工业智能、区块链、数字孪生等技术是该体系的关键技术，这几项技术协同交互，为工业互联网推动工业数字化转型提供核心驱动力。

五、我国工业互联网面临的挑战

近年来，工业互联网相关技术不断进步，应用前景也愈加广阔。不过，在政策、经济和技术等层面，工业互联网仍然面临诸多挑战。

1. 相关政策不完善

现阶段，我国工业互联网平台的建设和推广逐步进入规模化阶段，但我国并未针对工业互联网的发展出台较为完善的制度和标准,因此我国工业互联网的发展缺乏统一的标准以及有效的政策引导和规范。

为了让工业互联网更好地赋能工业领域,一方面,我国应尽快制定行业标准,加快统一工业领域接口标准的步伐,推动各项设备实现全面互联互通,进而达到增强设备和系统交互性的目的,为多元异构数据的分析和处理提供方便;另一方面,我国应加快制定和实施相关法律政策的步伐,明确工业数据交易的权属和责任,并研发针对工业互联网的网络安全产品,提高信息安全保障能力,充分保护隐私信息和工业数据的安全,同时也要加强对系统和设备的保护,实现人、机、物互动的安全可控。

2. 与关键技术融合不充分

工业互联网的落地亟须加速推动新型基础设施建设,促进新兴技术与网络、平台、安全三大工业互联网体系的深度融合。但现阶段我国还未能实现技术与工业互联网应用的充分融合,具体来说,主要以下几项问题:

- 网络体系不完善、支持多方互联的基础网络设施不健全、传统工业控制网络不同层级的协议不统一等问题限制了"5G+工业互联网"以及"Wi-Fi 6❶+工业互联网"的融合发展;
- 随着工业互联网的飞速发展,生产链、产业链和价值链等多个工业生产环节中的泛在感知数据的规模呈现出指数型增长的趋势,数据量激增对数据计算能力提出了更高的要求,但由于当前工业现场缺乏规范统一的设备接口标准和测试标准,因此难以保证边缘计算应用过程中的数据安全;
- 由于当前的数据挖掘技术存在技术水平低、可解释性弱等问题,信息系统数据和制造执行系统数据体量极其庞大,难以高效挖掘出有效数据;
- 由于工业互联网的应用场景具有多样性的特点,数据应用范围较广,数据分析维度较多,因此在建模时需要根据各个应用场景分别构建多样的数据

---

❶ Wi-Fi 6:第六代无线网络技术,是 Wi-Fi 标准的名称。

分析模型，这使得建模工作复杂度高、工作量大、周期长，增加了建模分析的难度；
- 在区块链技术的融合应用方面，我国还未制定完善的标准。

3. 市场应用及管理进展缓慢

我国工业互联网发展潜力巨大，这主要是因为：一方面，我国能够为工业互联网提供广阔的市场空间和多样化的应用场景；另一方面，我国积极出台相关政策文件支持工业互联网在各个行业中的应用，为工业互联网的发展提供了良好的政策支撑。在国家政策的支持下，各行各业积极推动工业互联网的应用，并构建工业互联网管理平台。但由于成果并未经过市场的检验，工业互联网在市场应用和管理方面还存在较大的优化进步空间，企业需要充分利用工业互联网来进一步推进数字化转型工作，进而革新生产组织方式和制造方式。

除此之外，"人、机、物"系统的全面连接、"云—边—端"产业架构建设、"生产、制造、市场"融合、信息技术（Information Technology，IT）网络和运营技术（Operational Technology，OT）网络融合、企业上下游协同等也是工业互联网的管理内容。

六、我国工业互联网的未来发展方向

工业互联网发展过程中的挑战主要可分为三类，分别是网络安全问题、数据管理问题和应用问题。为应对这些挑战，工业互联网应加强各项核心技术与工业互联网体系的融合，以技术驱动行业发展。

首先，我国应加快工业互联网网络基础设施建设及推广的步伐，大力推进企业内外的网络改造升级，并加强对IT网络与OT网络深度融合发展的研究。随着部分工业场景对网络实时性要求的不断提高，我国需要进一步增强企业内外网络的可定制性，并扩大网络覆盖范围、降低网络时延，同时也要出台相关政策帮助各地中小企业实现"提速降费",减少在转型过程中的成本支出。除此之外,我国还需要加快构建工业互联网标识解析体系的步伐,积极推动工业互联网体系架构建设,并进一步优化网络协议、制定相关标准,同时也要加强工业互联网与边缘计算、工业智能等技术的融合应用,为工业互联网提供跨域数据交互解决方案。与此同时,我国还应大力推动无线和有线协同发展,利用5G和Wi-Fi 6等无线技术提高工业互联网的感知能力、分析能力、传输效率和决策能力,进而提升工业互联网全流程的全面深度感知、高效精准分析、动态实时传输和智能决策的能力。工业互联网可以在"新基建"建设中引领多个领域、多个行业融合发展,进而实现多个领域协调兼顾、相互促进、共同发展,为社会经济发展增添新的驱动力。

其次,我国应进一步优化工业互联网平台体系,推动大数据中心建设,并积极构建工业互联网大数据中心服务体系,加强工业互联网与边缘计算、工业智能等数字信息技术的融合应用,进而提高工业互联网在生产制造环节的智能分析决策水平。现阶段,我国有部分企业存在资金不足、技术水平较低、人才匮乏等问题,无法对数据进行规模化处理,因此我国必须积极推动国家级工业大数据中心落地应用,打造集数据整合、数据存储、数据分析和数据处理等多项功能于一体的智能化平台,并通过对工业互联网平台的重塑以及对数据中心的建设来减少企业在提高数据处理水平方面的成本支出,并充分发挥数据的赋能作用,提高政府治理能力,促进实体经济快速发展。

再次,我国应建立工业互联网安全反击分类管理制度,针对各个级别的网络分别制定不同的安全管理标准,并在设备层面对操作系统和设备芯片进行安全加固,推动区块链技术与工业互联网的深度融合,从而提高工业互联网的安全保障水平。从区域内部来看,我国应进一步提高产业链的协同性,加快推进工业互联网平台与区块链、网络建设等技术的创新融合发展,并通过平台建设来增强安全保障能力。随着管理体系和平台的不断完善,工业互联网的安全防护将逐步从被动防护转向主动防护、动态防护和整体防护，同时工业互联网的自主恢复能力也将大幅提高，能够更灵活地应对各种风险。

最后，由于业务需求存在多样化的特点，我国应积极创新工业互联网在各行各业中的应用模式。现阶段，我国已进入由消费互联网向产业互联网转型的关键期，亟须提高工业互联网在工业智能生产应用方面的技术水平和服务能力，因此我国需要加强各项关键技术在工业互联网领域的融合应用，革新工业互联网在各行各业中的应用模式，从而充分满足不同环节、不同行业乃至不同领域的需求，探索全新的工业互联网创新发展路径。

工业互联网是第四次工业革命的重要基石，是工业企业实现数字化转型过程中必不可少的核心生产要素，也是新一代数字信息技术与工业体系融合发展的产物，工业互联网的发展和应用能够促进经济繁荣发展，优化社会管理。

总而言之，根据我国工业互联网的发展背景、应用情况、体系架构和技术体系可以分析出工业互联网当前在我国的发展情况和面临的挑战。对我国来说，未来应持续加强对工业互联网与数字信息技术融合应用的探索和研究，加快建设新型基础设施的步伐，并以技术和网络来为各个行业、各个领域赋能，同时也要强化政策和技术对工业互联网发展的支撑，进一步推动工业互联网快速发展。

第 5 章
技术体系：
工业互联网的实现路径

随着工业互联网体系的日渐完善，工业互联网体系所具有的功能越来越强大，相关的技术类型也越来越多样化，5G网络、边缘计算、工业智能、数字孪生和区块链技术逐渐成为工业互联网技术体系中的重要组成部分，并在工业互联网功能架构的网络建设、平台建设、安全建设以及构建数据闭环等方面起到十分关键的作用。

一、5G 网络：工业互联网的数字底座

下面我们首先分析5G网络在工业互联网领域的应用。

工业领域所涉及的业务场景众多，对通信技术的要求较高。5G技术具有高速率、低时延、广连接、高可靠性等优势，因此融合5G技术的工业互联网能够实现人、机、物之间的广泛互联，充分满足工业领域各项业务的通信需求。

工业场景具有复杂、多样化的特点，因此各种工业场景中的需求也各不相同。为了满足不同场景的需求，工业领域的企业应加强对5G工业互联网的研究和应用，并充分利用5G+云、5G无线技术、网络切片技术、5G+时间敏感网络等网络技术，切实解决生产制造过程中出现的各类问题。

5G技术在工业领域有着广阔的应用范围和丰富的应用场景，如融合5G技术的自动引导运输车（Automated Guided Vehicle，AGV）能够灵活应对

路线和任务变更，为工业生产提供无人化智能物流解决方案，在应用5G技术的基础上配备制导控制器的AGV小车不仅具有低时延的优势，还能充分保障数据安全。5G技术在工业领域的应用还表现在使用5G网络切片来隔离不同业务的逻辑资源、各个子网络、不同运营商等，5G切片技术的应用能够大幅提高业务部署的灵活性，帮助企业高效处理各类复杂问题。因此，工业领域的企业可以利用5G技术来解决生产制造和业务中出现的各种难题。

对基础设施齐全的大型企业来说，5G技术的应用能够为其提供针对各种业务场景的解决方案，提高企业生产制造的数字化水平；但对一些中小企业来说，由于使用的设备缺乏数字化、智能化功能，且难以承担高昂的部署成本，因此无法大规模部署5G相关基础设施，也就难以实现数字化、智能化的生产制造。

现阶段，5G工业互联网的发展还处于初步发展时期，在技术与需求的融合、数字化基础、产业制程能力等方面还存在许多不足之处。2019年10月，工业互联网产业联盟在2019中国国际智能产业博览会上发布《工业互联网体系架构（版本2.0）》，大力推进工业互联网产业实践和创新发展；2020年12月，我国工信部颁布《工业互联网创新发展行动计划（2021—2023年）》，进一步贯彻落实工业互联网创新发展战略，推动产业向工业化、信息化发展。各项相关政策文件的出台将加快5G+工业互联网创新发展的速度，同时在政策和技术层面为工业数字化转型提供强有力的支撑。

二、边缘计算：提供边缘智能服务

工业领域的一些控制场景中存在通信标准不一致、总线异构连接等情况，如果在云端完成数据计算不仅难以确保数据传输过程的安全性，还会影响数据计算效率，因此工业企业应将相关数据资源部署在边缘侧，从而实现数据实时处理，满足各项业务对时效性的要求。

具体来说，边缘计算就是在边缘侧部署集网络、存储、计算、应用核心能力于一体的开放平台，就近提供边缘智能服务。边缘计算技术在工业领域的应用能够充分满足部分业务在时延、效率、安全等方面的要求，并减轻云端负荷，因此边缘计算是工业互联网中必不可少的关键技术。

现阶段，我国对边缘计算技术与工业互联网融合的研究已取得一定成果，同时也在不断加快边缘计算技术在工业领域应用的步伐。我国工业领域的企业借助边缘计算技术可以将计算、存储、网络、通信等资源下沉到网络边缘，在边缘侧满足各个业务场景的需求，从而大幅降低远端的计算压力和存储压力，提高数据计算的效率和准确率，增强数据安全保障，同时减少在运维方面的成本支出。

边缘计算技术在工业生产环节的应用能够使"机器代替人"成为现实，进而提高生产过程的自动化程度，并降低人力成本。除此之外，工业企业还可以运用边缘计算技术对工业设备进行实时检测，进而对设备可能会出现的问题进行精准预测，以便提前排除设备存在的隐患。工业企业在部署工业互联网的过程中，还能够实现对5G、云计算和边缘计算等多种技术的综合应用。

2020年，全球多家运营商在全球移动通信系统协会（Global System for Mobile Communications Association，GSMA）的支持下共同构建电信边缘云平台；中国联通综合利用云计算、5G网络、边缘计算和智能物联设备终端等打造CUC-MEC边缘智能业务平台，并推出EdgePOD边缘云解决方案；中国电信也与华为合作，共同创新5G+MEC应用。由此可见，工业企业可以充分发挥边缘计算技术的作用，大力推动工业化和信息化融合发展，进而提高网络性能，助推产能升级。

总而言之，边缘计算技术在工业互联网中的应用规模越来越大，但仍旧存在测试标准不一致和设备接口标准不一致等问题,且难以充分保障整个应用过程的安全性。由于各个层次的边缘计算在计算能力方面存在差异,因此行业应不断优化边缘计算性能,实现负载分配和成本分析等功能,与此同时,还要提高边缘计算与行业应用、运营商网络之间的协同性,进而保障网络传输的高效性和可靠性,除此之外,数据安全和系统隔离方面的能力也需要进一步提升。随着边缘计算技术的发展,它在工业、制造业等多个行业中的应用将越来越深入、越来越广泛,进而推动各新兴产业快速发展。

三、工业智能:AI 赋能智能制造

随着人工智能技术在工业领域的应用逐渐深入,工业智能应运而生。工业智能融合了知识图谱、机器学习、深度学习、自然语言处理等多种人工智能技术,能够大幅提高工业互联网的数据处理能力,推动工业互联网更好地实现智能分析和决策优化等功能,提高决策的精准性,并有效解决工业互联网中存在的定量难、存储难、应用难、实时分析难、数据流量大、数据维度多、监测点类型多等问题。

与此同时,工业智能技术的应用还能赋予工业系统自感知、自学习、自执行、自决策和自适应等能力,推动工业互联网实现智能化升级,助力工业互联网打造数据优化闭环。除此之外,工业智能技术的应用还能够提高工业互联网灵活应对工业环境变化的能力,为工业企业高效管理和维护相关设备提供支撑。

当前,工业智能技术在工业互联网中的发展已进入进阶发展阶段,相关研究和应用已取得一定成效。

1. 设备层面

工业智能技术的应用能实现设备寿命预测功能,工业企业可以利用基于反向传播(Back Propagation,BP)神经网络的设备寿命预测模型对设备的剩余寿命进行精准预测,以便及时对设备进行维护,从而在降低设备管理成本的同时防止因设备出现故障而影响工业生产工作。

2. 企业层面

工业智能技术的应用能够根据原料、设备运行、制造流程等多个方面的数据找出最合适的参数值,从而达到提高设备运行效率和产品生产质量的目的。

除此之外,工业企业也可以将高精度的钢铁生产全流程多源异构数据分析框架应用到工业生产当中,通过全栈机器学习平台采集相关数据信息,并利用算法库构建模型,对整个生产过程进行全方位监控和管理,保障产品的生产质量,从而解决钢铁生产中的椭圆度超差问题。

3. 产业链层面

工业智能技术的应用能够借助全新的知识组织方式提高生产管理和决策的科学性、合理性,例如华为整合大量信息资源重塑供应链知识图谱,并借助语义网提高供应链风险管理水平,进而为公司决策提供强有力的支撑。

综上所述,工业智能技术的应用能够充分发挥出工业数据的潜在价值,加快工业互联网创新发展,更好地发挥工业互联网的赋能作用。现阶段,工业智能技术的落地速度不断提升,相关应用的发展越来越快,但仍旧难以满足部分场景对实时性的要求,在架构芯片方面也难以做到效能和成本兼顾。不仅如此,若要在工业领域大规模应用工业智能技术,还需进一步统一数据标准、优化算法模型、提高可解释性、降低算力平台的维护成本。随着工业智能技术的发展,未来的工业互联网将会加速释放自身价值,为各个业务场景赋能。

四、数字孪生:构建虚拟的数字模型

数字孪生就是将物理世界中的工业产品、制造体系等各类复杂系统的结构、状态、行为、功能、性能映射到虚拟世界中,构建虚拟的数字模型。数字孪生技术在工业领域的应用能够借助工业互联网来采集、整合并分析各项生产数据,并根据数据分析结果进行决策,通过虚实交互、数据分析等方式优化产品生产流程,同时实现精准映射、数据驱动、智能决策、模型支撑、软件定义等多种功能,为工业生产提供安全保障。

当前,数字孪生技术还处于发展初期,主要应用于对高价值设备或产品的管理当中,这主要是因为:

- 从生产设计环节来看,数字孪生技术可应用于装备设计工作中,为设计师开展装备敏捷实验提供方便,从而达到提升试验效率、缩短试验周期、减少装备试验成本等目的,同时也能有效延长设备的使用寿命;
- 从生产制造环节来看,工业企业可以运用数字孪生技术构建以压力为驱动力的筛板塔模型,并利用该模型来完成液体流动降压计算、蒸汽流动降压计算、液体滞留量计算和蒸汽滞留量计算,进而优化生产工艺;
- 从产品维护环节来看,数字孪生技术可以根据相关数据在虚拟环境中构建高精度的物理模型,并对航天发动机的部件、系统乃至整机进行高精度、高保真的数字化呈现,进而实现对安全事件的精准预测以及对航空发动机隐患的及时维护和处理,同时借助自修复机制来修复损伤、减缓退化速度,从而在延长使用寿命的同时防止出现灾难性的故障。

数字孪生技术能够以数字化的方式为物理对象构建虚拟模型,并利用虚拟模型对物理世界中的行为进行模拟,进而帮助企业解决分工难等问题,实现生产力的提高。数字孪生技术在工业领域的应用能够通过对物理对象进行精准的数字化映射来实现分析预测和综合决策等功能,同时也能够有效提升分析、预测和决策的准确性,推动工业全业务流程的闭环优化。

由于当前的数字孪生技术还不够成熟,因此若要在工业领域中大规模应用数字孪生技术,还需不断加强对数字孪生技术的研究,并解决建模流程复杂、建模周期长、应用场景多样等问题。随着工业互联网2.0的普及应用，数字孪生技术将加速发展，同时数字孪生技术的进步也能够促进工业互联网快速发展，革新工业生产和制造模式。

五、区块链：保障工业数据安全与共享

区块链是一种能够验证和存储信息的链式数据结构，具有去中心化和数据难篡改等特点，且具备加密算法、隐私保护、访问控制、入侵检测和分布式账本等多种技术，能够充分保护所记录信息的安全，有效解决人们互不信任的问题。

区块链技术在工业领域的应用能够让工业互联网中的各个企业作为各个节点的主体管理相关数据信息，并利用加密算法和访问权限控制等技术保护隐私数据，从而解决企业对工业数据上云环节的数据安全问题的担忧，提高各方的信任度，同时也能利用分布式账本技术实现数据共享，推动产融协同，进一步提高产业链上各个环节之间的协同性。

当前，区块链技术在工业领域的应用已取得一定成效，具体来说：

- 在私有链的基础上搭建的工业物联网计算系统能够向企业提供图像加密服务，从而提高工业物联网中传感器所采集到的图像数据的安全性；
- 在混合共识机制、一致性哈希算法等的基础上构建的高性能、轻量级混合型区块链模型能够向企业提供可信验证和冗余备份服务，提高数据伪造和数据篡改难度，从而确保数据的完整性和真实性；
- 基于区块链混合应用和物联网领域国际标准化组织（oneM2M）制定的物联网标准研发的工业领域物联网服务层平台，还能够实现对工业服务层的安全保护。

由此可见，区块链技术的应用在工业物联网的物理设备安全、网络加密保护、平台隐私保护和数据互联共享方面发挥着重要作用。区块链与工业互联网

的融合不仅是技术的融合，也是业务的整合和模式的创新，随着区块链技术和工业互联网的融合日渐深入，相关标准和制度也需要进一步完善，同时工业企业也需要不断加强对区块链核心技术的研究，充分发挥区块链技术在安全保护等多个方面的作用，为工业互联网中的网络安全、资源分配、数据溯源和智能协同制造等提供技术支持。

第 6 章
应用场景：工业互联网平台新模式新业态

一、场景 1：数字化管理

随着工业互联网的发展，越来越多的制造企业开始将工业互联网系统应用于企业管理中，将生产制造全流程、产品全生命周期各个阶段以及供应链各个环节的所有数据进行全面收集和处理，并据此优化管理决策，实现数字化管理，提升管理效率。目前，工业互联网主要在资产管理、运营管理和组织管理方面发挥了较为显著的作用。

在传统的发展模式中，企业各项活动对信息技术的应用力度较小，导致生产活动中产生的数据量较小，同时企业缺乏数据应用意识，没有借助数字技术充分发挥数据的价值，数据只是企业业务流程的附属产物。随着新一代信息技术的快速发展，企业开始重视信息技术的应用，特别是对大数据、物联网等技术的应用使得企业各项活动产生的数据规模急剧增长，数据的价值也得到充分发挥，数据日益成为企业的一种重要资产。

企业可以将工业互联网应用于企业管理中，并结合各项新兴技术实现数字化管理，如图 6-1 所示。企业依托工业互联网平台，借助数字技术打通产品全生命周期的各个环节，实现对各个环节数据的全面采集，并通过数据分析优化企业的生产和运营决策，同时提升企业的风险预测和管理能力，最终实现数据驱动的精细化管理。

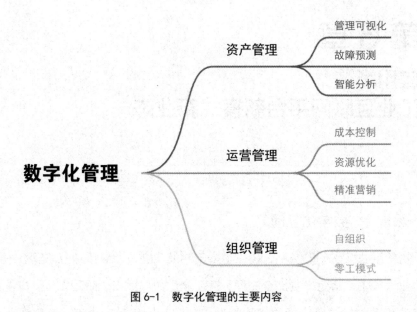

图 6-1 数字化管理的主要内容

1. 资产管理

（1）管理可视化

企业利用大数据、物联网等技术对设备、生产线、零部件等的运行信息进行全面收集，利用数字孪生技术在平台中创建相应的数字孪生模型，并通过数据驱动模型演进，实现对生产全流程的模拟仿真，进而实现可视化的生产管理。

（2）故障预测

企业借助射频识别技术（RFID）、智能传感等技术对设备运行和状态信息进行实时感知和动态收集，借助大数据、云计算、边缘计算等技术对数据进行整合分析，从而对设备可能出现的故障进行精准预测、定位和预警，并采取一定措施进行防范。

（3）智能分析

企业通过平台对产品全生命周期的数据进行收集分析，并基于数据分析结果，借助专家系统、知识图谱等技术优化生产经营决策，从而使数据的价值得到充分发挥。

美国通用电气公司（GE）借助Predix工业互联网平台对燃气轮机、风机、航空发电机等重点设备进行数字化管理，借助平台和新兴技术对这些设备的运行和状态数据进行收集、整合和分析，从而掌握设备运行的能耗、效率和健康状态，并制定一系列针对性措施提升设备运行效率，降低设备能耗，实现设备故障预警，进而实现数字化管理。

富士康借助BEACON工业互联网平台连接海量设备，并结合大数据、云计算、边缘计算等技术整合分析设备相关数据，实现设备的统一管理，显著降低了设备管理成本。

2. 运营管理

（1）成本控制

企业可以通过对平台和数字技术的融合应用变革传统的管理模式，包括绩效管理、预算管理、备品管理等；通过整合分析业务相关数据实现各项业务的自动化、智能化管理，从而降低管理成本。

（2）资源优化

企业依托平台对人才信息、数据资源、技术、用户需求、用户偏好等供需两侧的信息进行全面、精准掌握，了解供需市场的现状，并据此推动企业内外部资源的优化配置。

（3）精准营销

企业通过平台对现有客户的消费行为信息进行全面收集，通过数据分析精准掌握客户的需求和偏好，并生成客户画像，根据客户画像精准推送合适的产品，实现精准营销。同时，还可以借助平台识别并挖掘潜在客户，开发潜在业务场景，进一步提升营销的精准化水平。

树根互联股份有限公司是一家工业互联网企业，曾为久隆保险、三湘银行提供服务。久隆保险借助工业互联网平台和大数据技术对各类保险产品的营销数据进行分析，实现精准定价和精准营销；三湘银行借助工业互联网平台对动产融资领域的业务进行管理，有效降低了管理成本。

工业数据智能企业寄云科技基于寄云NeuSeer工业互联网平台为彩虹集团特种玻璃有限公司提供服务，打通企业运营和现场管理等环节，助力企业实现一体化管理，从而降低企业的管理成本和运营成本。

3. 组织管理

（1）自组织

企业通过平台推动管理模式和组织架构的变革，并创建科学的赋权系统，更加灵活地分配任务，同时将工作指标进行量化，从而帮助企业和员工更加直观地了解工作完成情况，促进企业和员工的共同进步。

（2）零工模式

企业基于平台变革自身性质，转变为赋能平台，广泛聚集相关企业和第三方开发者，从而颠覆传统的用工模式，重新组建各类团队，并优化资源配置，调动企业和员工的积极性，激发企业和员工的创造性，充分发挥员工的潜在价值。

海尔集团基于COSMOPlat工业互联网平台打造动态合伙人制，优化原有的组织架构，鼓励员工进行自组织、自创业、自驱动，激发员工的主观能动性，并培育出多个小微企业，推动企业实现平台化发展。

华为、阿里、东方国信等企业通过工业互联网平台创新用工模式，吸引第三方开发者，并为其提供合适的开发环境、工具和微服务组件，以加速研究和开发创造性应用。

二、场景2：智能化生产

在传统的生产模式中，企业生产线呈现出较为明显的单一性和专用性，多为专线专用的自动化生产线，主要针对大批量、少品类的订单。不过，这种模式的产品同质化较为严重。随着社会进步和经济发展，人们对于各类产品的个性化要求越来越高，传统的生产模式已经很难适应当前的市场变化。

此外，在传统生产模式下，生产策略通常是根据上一周期的生产情况制定的，对上一周期的生产计划、生产运转情况以及最终完成情况的相关数据进行分析，评估生产方案的合理性，并结合下一周期的实际情况优化生产策略。这种方式制定的生产方案通常具有一定的滞后性，且合理性也无法保证，不利于企业提升生产效率。

企业借助工业互联网平台来变革生产模式，可以有效地解决以上问题。工业互联网具有全面感知和动态交互的优势，企业可以在生产线的关键节点和机器设备上部署多种类型的传感器，这些传感器会自动感知并捕捉生产设备的运行状态数据以及生产线上每个加工配件的信息，并传输至工业互联网平台。平台结合工业机理模型对相关数据进行分析和处理，从而实时掌握生产线的运转情况，这样既可以根据订单需求实时调整生产方案，又可以提升生产线的管理效率，最终实现数据驱动的智能化、个性化生产，如图6-2所示。

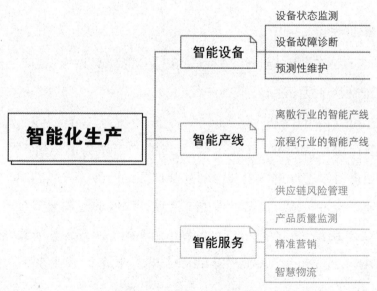

图6-2 智能化生产的主要内容

1. 智能设备

（1）设备状态监测

企业借助工业互联网平台对设备状态数据进行全面采集，包括电压、电流、温度等数据，并结合可视化技术对数据进行直观展示，实现设备状态的精准实时监测。

（2）设备故障诊断

企业利用大数据、物联网等技术对设备运行轨迹、历史故障、工作情况等数据进行全面收集和分析，并结合深度学习、专家系统等技术创建故障诊断模型，基于海量相关数据推动模型演进，从而预测可能发生的故障，并精准定位故障位置。

（3）预测性维护

企业结合设备运行状态数据、设备故障的预测数据以及产品寿命来预判设备可能出现故障的时间，并在此之前采取一定的措施进行预防和维护。

2. 智能产线

工业互联网平台可以针对不同性质的行业构建智能化产线，下面分别以离散行业和流程行业为例进行说明。

（1）离散行业的智能产线

离散行业是指原材料经过多个不连续的工序加工得到不同的零部件，最后再对零部件进行组装得到完整产品的行业，机械制造、汽车制造等都属于离散行业。离散行业的产品设计和制造过程通常会涉及很多不同的技术和系统，如CAD（Computer Aided Design，计算机辅助设计）、CAE（Computer Aided Engineering，计算机辅助工程）、CAM（Computer Aided Manufacturing，计算机辅助制造）、PDM（Product Data Management，产品数据管理）、DCS（Distributed Control System，分散控制系统）、MES（Manufacturing Execution System，制造执行系统）等。

因此，离散行业生产线的相关数据流通性较差，既不利于数据的管理和应用，也不利于行业的数字化转型。互联网平台可以有效解决这些问题，离散行业的企业可以通过工业互联网平台打通各个生产流程，实现数据流通和共享，进而通过数据分析实现产品设计制造协同，优化生产管理，提升产品制造效率和质量，实现精细化、柔性化工业生产。

（2）流程行业的智能产线

流程行业是指原材料经过一道连续的工序直接制成成品的行业，包括医药行业、石油化工行业、水泥行业等。流程行业企业可以依托工业互联网平台和新一代信息技术在生产前和生产过程中开展一系列操作，提升工业生产的效率和质量。

在工业生产前，企业借助数字孪生技术在平台中建立工艺流程模型，结合相关数据推动模型演进，并根据模型演进情况优化原材料配比以及工艺流程；在工业生产过程中，企业借助物联网、大数据等技术对设备运行情况、产品加工情况等相关数据进行全方位捕捉和分析，实现生产状态监测和设备故障预警，同时借助控制技术对工艺流程进行自动化、智能化控制，以提升工业生产的质量、效率和集约化水平。

中国商用飞机有限责任公司依托工业互联网平台和新一代信息技术进行生产管理，对设备、产品、人员、量具等生产要素数据进行全方位整合分析，掌握生产制造状态和环境变化，并据此优化生产流程，提升生产效率和智能化水平。

恒逸石化公司依托阿里云平台打造锅炉AI控制平台，基于这一平台以及大数据、云计算、深度学习等技术对锅炉燃烧的历史数据进行搜集、分析和推算，得出锅炉燃烧的最佳参数，并根据这一参数优化发电工艺流程，从而提升发电效率、降低燃料成本。

3. 智能服务

（1）供应链风险管理

企业基于工业互联网平台，借助物联网、知识图谱等技术对影响供应链的关键风险因素进行汇聚和分析，准确预测供应链的风险点，并结合数据分析结果制定合理的风险预防和管理策略，为供应链提供智能化的风险管理服务，保障供应链的稳定性。

（2）产品质量检测

企业借助机器视觉、深度学习等技术创建具有学习能力的图像识别模型，并将海量产品图片投入模型中进行模型认知能力的训练，当模型能力成熟后将其应用于产品质量检测中，实现产品质量的高精度、高效率、自动化检测。

（3）精准营销

企业借助大数据技术对客户消费行为数据进行全面收集和分析，生成用户消费画像，并据此为用户推荐合适的产品，实现差异化、个性化营销，提升客户消费体验。

（4）智慧物流

企业借助大数据、深度学习、全局最优化等技术，对物流数据进行集成分析，动态优化物流的仓储布局、运输网络、运力资源配置等，提升物流运输的效率和智能化水平，降低物流成本。

日本知名半导体公司Macnica.ai与笔记本电脑品牌方VAIO开展合作，结合知识图谱技术开展供应链风险管理，通过对供应链各参与者活动数据的分析，实现高效精准的风险管理。

华星光电技术有限公司基于腾讯云平台，结合深度学习、知识图谱、缺陷分类等技术打造面板质量检测模型，通过对海量面板图片的识别和学习，大幅提升面板质量检测的效率，有效缩短生产周期，并大幅降低生产成本。

三、场景3：网络化协同

在传统的工业体系中，产业链各参与主体之间、各生产要素之间的关联性较差，导致生产活动的相关数据流通性较差，"数据孤岛"现象严重，并且数据逻辑相对孤立，难以实现数据的融合分析，无法发挥数据的深层价值。

工业互联网平台为上述问题提供了有效的解决方案，借助物联网、移动互联网等技术打通生产要素之间、产业链主体之间、企业与社会之间的连接，并构建数据连通体系，促进海量数据的流通和共享，推动生产环节与制造主体的统筹运作，提升协同效率，如图6-3所示。

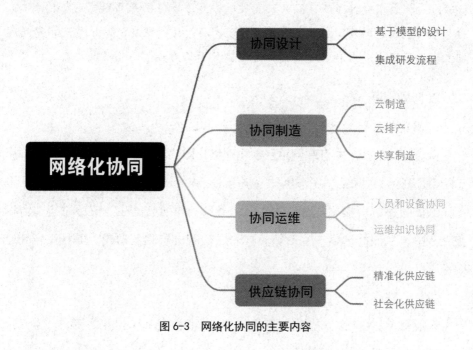

图6-3 网络化协同的主要内容

1. 协同设计

（1）基于模型的设计（Model Based Definition，MBD）

企业可以借助MBD技术创建三维实体模型，并利用模型来完整、详细地表达产品的所有属性信息，包括材料、尺寸、单位制、公差标准等，企业基于工业互联网平台实现这些信息的传输和共享,最终实现设计、制造、供应、运维的协同,提升产品设计和研发效率。

(2)集成研发流程(Integrated Product Development,IPD)

企业借助IPD技术广泛集结研发领域的相关主体,实现专业和学科的集成,结合产品研发流程的相关业务,打造业务协同研发模式。

长安汽车借助MBD技术,围绕三维数字化设计和全球协同设计创建了汽车产品智能化研发云平台,并在亚欧美等地区建立了研发中心,这一平台能够支持各个地区的研发中心实现实时交流互动,从而实现跨区域、跨部门的产品协同设计,大幅提升了新产品的研发效率,显著缩短了产品研发周期。

华为集团借助IPD技术实现各类电子产品的协同研发,缩短了产品研发周期,降低了研发成本和研发损失,大幅提升了华为集团的经济效益。

2. 协同制造

(1)云制造

企业可以依托工业互联网平台创建网络化协同制造系统。首先重新审视产品的生产任务,并围绕生产流程、生产工序、产品结构等要素,将生产任务进行详细的分解,再根据分解后的生产任务环节对所有的生产资源进行整合和重新分配,从而打造多个生产环节同时进行的协同制造模式,提升生产制造效率。

(2)云排产

企业基于工业互联网平台对市场信息、厂区信息和库房信息等进行整合分析,结合市场需求和生产资源制订协同生产计划,并根据生产计划动态调整"人、机、料、法、环"的供应,保障产品制造的效率和质量。

(3)共享制造

企业依托工业互联网平台双边连接的特性,打通行业之间的连接,推动行业信息和资源共享,优化技术、设备、人才等资源的配置,充分发挥资源的价值，降低资源浪费，实现共享制造。

中国商用飞机公司依托工业云平台打造飞机研制系统平台，并通过这一平台实现了全球将近150个供应商的连接，打破了数据壁垒，通过数据共享实现了设计、制造、供应的一体化协同。

中航西安飞机工业集团有限公司借助工业互联网平台实现了各类生产要素间的互联互通，提升了各生产要素之间的协同效率，打造了高灵活高效的制造工艺流程，提升了制造效率，缩短了整机制造周期。

中铁工业基于浪潮集团的云平台打造网络协同制造平台，基于这一平台打通了产品制造的各个环节，实现了跨地区、跨部门的协同制造，大幅缩短了产品交付周期，降低了综合成本。

3.协同运维

（1）人员和设备协同

企业借助工业互联网平台对产品全生命周期的数据进行全方位采集和分析，明确产品的运维需求，并据此对设备和运维人员进行动态调配，实现跨部门协同运维。

（2）运维知识协同

企业借助工业互联网平台整合各类运维服务资源，包括运维知识库、专家库、工具库、客户信息库等，并打造开放共享的服务资源平台，供相关部门参考和应用，从而为用户提供规范化、网络化、高效协同的运维服务。

生意帮平台作为一家较为知名的协同智造众包平台，通过精准供应链匹配、网络众包分包等手段为各大厂商提供多种服务，包括模具加工、表面处理、成品采购等，帮助相关厂商提高生产效率，降低生产成本。

4.供应链协同

（1）精准化供应链

企业基于工业互联网平台加强供应链上下游的连接，并借助新兴技术整合上下游的资金、信息、物流等资源，实现上下游资源的高度协同，从而实现库存和零部件等的精细化管理，同时为客户提供实时高效的补货和配送等服务，提升客户服务效率。

（2）社会化供应链

企业基于工业互联网平台推动供应链协同不断向产业链协同拓展，强化产业链上下游数据、信息、资金、业务之间的交互，从而结合供应链乃至产业链上下游的发展情况实现社会化制造资源的优化配置，提升供应链协同效率。

石化盈科基于工业互联网平台对石油供应链的各个环节进行实时监管和控制，提升供应链响应速度，降低成品和在制品的库存，实现供应链的高效调运和高精度匹配，打造高效协同的供应链，最终提升石油的生产效率。

航天云网平台作为国家级的工业互联网平台，能够为工业企业提供多项功能和服务，包括14个大类66个小类的生产制造能力、12个大类139个小类的实验试验能力、3个大类30个小类的计量检测能力等，并通过合理分配社会化生产能力，实现供应链上下游企业的高效协同。

四、场景4：个性化定制

在传统工业体系中，企业决策者通常是根据市场上多数客户的需求来制定生产决策的，这种决策方式精细化程度较低，且容易忽略客户不同的需求，无法满足所有客户的个性化需求，易导致企业发展进入瓶颈期。

工业互联网结合新一代信息技术应用于工业生产中，可以打通企业、市场以及各生产要素之间的连接渠道，进而实现数据的交互共享。企业可以通过对客户消费数据的整合分析，精准掌握每一位客户的个性化需求，并基于工业互联网平台实现产品的个性化定制，满足客户的真实需求，如图6-4所示。

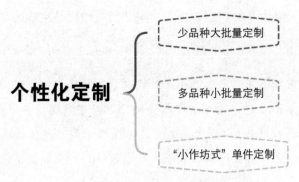

图 6-4　个性化定制的主要内容

1. 少品种大批量定制

企业通过工业互联网平台对市场上碎片化的需求信息进行全面收集、整合和分析，明确用户的个性化需求，制定相应的生产策略，企业的研发、生产、营销、运维等部门根据生产策略开展协作，推动相关制造资源的协调配置，实现产品设计交互化、生产可视化、营销个性化、服务智慧化，从而精准地满足用户的个性化需求。这一场景涉及的行业通常包括服装行业、家电行业、汽车制造行业等。

知名服装企业红领集团通过一体化的开放式工业互联网定制平台RCMTM实现西装的个性化定制，其原理是对人体多个部位的信息进行高效精准采集，并将这些数据与数据库中的海量版型数据进行快速精准匹配，快速识别适合客户身材的版型，从而实现服装精准化定制，进而降低服装设计成本，缩短服装生产周期，提升企业的经济效益。

2. 多品种小批量定制

企业基于工业互联网平台以及大数据、云计算等技术对重点产品数据进行整合分析，掌握客户对产品材料、结构、性能等方面的个性化需求，并将这些个性化需求带入零部件中，进而制定科学的生产决策，推动制造资源的优化配置，打造标准化、模块化、通用化零部件，最终实现产品的模块化设计和个性化定制。这一场景大多面向企业客户，主要行业包括航空制造业、船舶制造业等。

中航第一飞机研究院基于工业互联网平台和数字样机技术，开展新飞豹飞机的研制，基于平台创建飞机全部零件的三维数字模型，其中包括全机51897个零件、43万个标准件和487个关键件，并借助三维可视化技术和仿真技术推动模型优化和改进，实现飞机的数字化研发设计，大幅减少了设计成本，缩短了研制周期，显著提升了飞机研制效率。

外高桥造船有限公司创建了全球大型协同设计平台，并与国外先进设计公司开展合作，旨在高效研制豪华邮轮。该公司基于协同设计平台，结合船东的实际需求，与国外设计公司协同制定并优化船舶设计方案，有效提升了船舶设计效率。

3."小作坊式"单件定制

企业依托工业互联网平台收集客户对小批量产品甚至单件产品的需求数据，并将这些数据贯穿于产品全生命周期的各个环节，结合先进工艺技术实现小批量产品的个性化定制，同时基于工业互联网平台打造线上服务中心和线下消费体验中心，全方位提升客户的消费体验。这一场景通常是面向对产品精度和定制水平要求较高的产品（如模具、工艺品等），该类产品的交付周期通常较短，工业互联网的应用可以实现这类产品的"小作坊式"单件定制。

共享装备股份有限公司基于工业互联网平台打通各类制造设备之间的连接，并结合"云+网+厂"的新一代铸造智能工厂架构实现业务集成，最终实现产品设计制造一体化，提升产品研制效率。

航天云网3D打印云平台可以结合新一代信息技术为客户企业提供高效的3D打印服务，通过对材料和工艺的高效集成，提升产品设计制造的效率，缩短研制周期，推动产品实现快速迭代，达到"所想即所造"的水平，从而提升客户企业的经济效益。

五、场景 5：延伸化服务

在传统的制造体系中，企业的生产制造模式大多数是以产品为中心，决策的制定、技术的应用、生产模式的优化都是围绕产品生产来开展的。在传统的发展模式下，唯有提高产品生产能力，企业才能提升自身的竞争实力，巩固自身在市场中的地位，实现长远发展。但如今，随着社会发展进程的加快和技术的不断进步，市场供需关系在逐渐发生变化，供应侧逐渐饱和，企业已经难以通过提升生产能力来提高市场占有率，与此同时，客户对产品质量和性能的要求也逐渐提升，传统的制造模式已经难以满足客户的个性化需求，企业亟须进行变革。

工业互联网为制造业的发展带来了新的机遇，传统工业企业可以基于工业互联网平台变革运营模式和商业模式，扩大业务范围，推动业务实现延伸化服务，增强自身综合实力，并逐渐转变自身定位，实现长远发展，如图6-5所示。

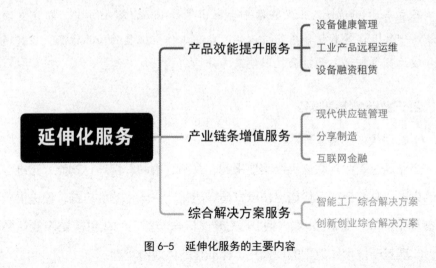

图 6-5 延伸化服务的主要内容

1. 产品效能提升服务

（1）设备健康管理

企业依托工业互联网平台对生产设备的状态数据和运行数据进行整合分析，并基于设备故障诊断模型和健康管理模型分析设备的健康状况，并对潜在故障风险进行预警和预防，实现设备健康的高效化、预防性管理。

（2）工业产品远程运维

企业借助工业互联网平台对工业产品运行状态和环境数据进行收集分析，实现工业产品的远程故障诊断和运维。

（3）设备融资租赁

企业依托工业互联网平台对设备运行数据、实时工况数据、客户企业业务数据、客户企业信用数据等进行全面收集和融合分析，掌握客户企业的信用情况，并据此开展设备融资租赁业务。

徐工集团借助汉云工业互联网平台对设备组件、寿命、运行情况等信息进行全方位采集和分析，准确预测可能出现故障的零部件，并提前进行维护或更换处理，降低设备故障率，保障设备的正常运转。

日立基于lumada工业互联网平台推出了consiteoil解决方案，即在发动机和液压部件上部署监视传感器，以实时监测工作中机器的油品状态，旨在通过远程故障预警来保全和延长机器使用寿命。

2. 产业链条增值服务

（1）现代供应链管理

企业通过工业互联网平台实现采购、仓储、生产、管理、物流、运维等业务的集成，并结合新一代信息技术打造智能化、一体化的供应链，促进供应链各参与主体间资金、技术、信息的无缝连接与交互，优化供应链企业业务模式，实现基于技术和数据的现代化、标准化的供应链管理。

（2）分享制造

企业借助工业互联网平台开发关于制造能力的各类工业App，如制造能力发布App、计费App等，实现制造能力的协同分享和优化配置，为制造行业效率的全面提升提供载体。

（3）互联网金融

企业基于工业互联网平台全方位收集和汇总客户企业的生产经营数据，并结合大数据技术对这些数据进行分析和处理，了解客户企业的经营情况和信用评价，估算企业的坏账概率，为金融机构的业务决策提供指导。

三一集团依托树根互联根云工业互联网平台对供应链上下游企业的经营数据进行汇总分析，并制定合理的供销策略，提升供应链管理效率，并帮助供应链上下游企业实现服务增值。

中联重科借助工业互联网平台创建融资租赁公司，显著扩大了设备的销售规模，为集团带来了可观的经济效益。

3. 综合解决方案服务

（1）智能工厂综合解决方案

企业可以借助工业互联网平台全方位整合工业生产数据，并通过数据分析提升生产效率。其中，离散行业企业（如船舶制造企业、汽车制造企业等）可以基于平台打通各个制造中心和不同生产线之间的连接渠道，实现工业数据的流动、交互和共享，进而实现高效敏捷、个性化、精准化生产；流程行业企业（如石化企业、冶金企业等）基于平台对工艺流程数据进行采集和分析，实现生产状态监测和故障预警，节约生产成本，提升生产效率。

（2）创新创业综合解决方案

企业借助工业互联网平台对企业内外部的创新创业资源（如研发资源、制造资源、物流资源等）进行全面整合，并推动这些资源的数字化改造和协同共享，进而促进企业内部和上下游企业的业务创新。

海尔集团基于COSMOPlat工业互联网平台，结合自身发展经验推出了15类互联工厂样板，并基于平台实现这些资源的开放共享，提供了面向全球、全行业的定制化服务，惠及交通、纺织、机械、建材、化工、电子等15个行业，各行业基于工厂样板资源打造用户可以参与的新型生产模式，显著提升了生产和服务效率，同时提升了用户体验，并且能够高效地满足用户的各类个性化需求，同时加快了各行业企业数字化转型的进程。

第三部分

数字社会篇

第 7 章

智慧城市：
社会治理的现代化转型

一、从数字城市到智慧城市的演变

随着信息技术不断发展，城市发展逐渐从"数字化"转向"智慧化"，未来将向着"新数字化"不断发展。数字城市可以将现实世界的很多工作迁移到互联网上，利用网络与计算机来完成很多工作。智慧城市是在数字城市与信息港的基础上发展起来的一个新概念，已经成为城市发展的一个新方向。

未来，随着人工智能、物联网、大数据、云计算等新一代信息技术不断发展，更多理念将层出不穷，这些理念应用于城市建设将不断丰富数字城市的内涵，为城市监管、信息收集、数据统计分析与处理、决策支持等提供强有力的支持。下面我们首先分析数字城市和智慧城市的起源、概念与内涵。

1. 数字城市的概念与内涵

1998年，美国前副总统艾伯特·戈尔（Albert Arnold Gore Jr）提出"数字地球"这一概念，数字城市就是在数字地球的基础上产生的。数字地球是一个三维的信息化地球模型，利用大数据技术，参照地球坐标，对地球上的环境、人文、社会等信息进行整理，储存到全球分布的计算机中，形成一个数字模型，通过网络共享，以便人们可以更直观、更全面地了解我们所在的这个星球。

数字城市的概念可以从广义与狭义两个维度来理解：

- 从广义上看，数字城市指的是城市的数字化，也就是利用数字化的方式对城市进行拆分、管理，推动城市实现良性运转。
- 从狭义上看，数字城市指的是以互联网为渠道，利用计算机技术、数字媒体技术、规模性存储系统以及遥感技术、卫星定位系统、自然地理信息系统、虚拟仿真等技术，从多个时空维度、多个尺度、多个分辨率标准对城市进行描述。简单来说，就是利用信息技术将城市的过去、现在和未来通过互联网以数字化的形式呈现出来。

数字城市发展初期主要是利用信息技术对城市经济社会发展的各类信息进行全面融合，促使各类城市信息实现开放共享。从某种意义上说，数字城市为智慧城市的发展奠定了良好的基础，因为在数字城市发展的过程中，信息技术的优点得到了充分释放，推动实体城市完成了数字化改造与升级。

2. 智慧城市的概念与内涵

随着物联网、云计算、人工智能、移动通信等技术不断发展，城市信息感知、宽带泛在的互联及其智能化结合的运用逐渐形成了一定的标准，城市发展逐渐从"数字化"迈向"智慧化"。作为以信息港和数字城市为基础形成的城市发展的新方向，智慧城市在建设过程中要将重点放在智慧产业园区、智慧小区、智慧工地等项目上。

智慧城市这一概念起源于智慧地球，是智慧地球的重要组成部分。智慧地球指的是利用物联网、云计算等技术，促使数字地球与现实系统相融合，让地球具备"智慧"属性。2008年，IBM公司提出智慧城市的理念；2010年，IBM公司提出建设智慧城市的愿景，掀起智慧城市建设热潮。

智慧城市建设离不开技术的支持，这些技术主要包括物联网、云计算、人工智能等。在智慧城市建设过程中，这些技术发挥着不同的作用。比如，物联网技术利用传感器将人、事、物连接在一起，实现万物互联，用户可以通过网络实时获取各种数据，并将自己拥有的数据实时上传至云端；云计算技术可以对数据进行存储、分析、控制、反馈；人工智能技术可以对数据进行挖掘，获取数据背后的规则与信息。在这些技术的赋能下，计算机逐渐拥有"智慧"，可以用于打造智慧城市，建设智慧政务、智慧交通、智慧医疗、智慧园区等。

二、数字孪生赋能新型智慧城市建设

数字孪生城市中的"孪生"指的是真实的物理实体和与之相对的虚拟的数字模型。借助数字孪生技术，人们可以将现实世界的物体"克隆"到虚拟空间，形成一个与现实世界的物体一模一样的"克隆体"，这两个物体就是一对"数字双胞胎"。数字孪生技术的应用范围极广，例如，模拟物理世界真实的飞行器打造一个虚拟世界的数字孪生飞行器。如果将这项技术应用于智慧城市建设，就可以仿照真实的城市在虚拟空间建造一个数字孪生的智慧城市。

数字孪生城市利用物联网技术，参照建筑信息模型和城市的三维地理信息系统，将现实世界城市中的各项要素（包括人、物、事件、水、电、气等）数字化，在网络上创建一个与现实世界的城市完全相同的虚拟城市，最终形成虚拟城市与现实城市同生共存、虚实交融的局面。从本质上看，数字孪生城市就是将工业领域的数字孪生技术引入城市治理，利用各种先进技术及传感器将物理世界的动态信息实时映射到数字世界，赋予数字孪生城市实时、保真的特点。

在数字孪生城市模式下，城市利用数字化、网络化技术实现由实入虚，再利用网络化、智能化技术实现由虚入实，通过物理城市与数字孪生城市之间的虚实互动，保证物理城市有序运行。基于此，数字孪生城市具备了互操作性、可拓展性以及闭环性的特点。数字孪生城市建设将对新型智慧城市建设产生积极的推动作用，通过将虚拟空间创建的城市映射到现实的物理城市，促使城市基础设施不断完善，形成虚实相映、孪生互动的城市发展新形态。

数字孪生的核心价值在于将在现实世界中需要耗费较高成本、无法完成的项目转移到虚拟世界，提高项目的可行性，降低项目成本，缩短项目完成时间。无论产业生态圈规划，还是城市建设与管理，在智慧城市建设过程中，数字孪生都采用数字化虚拟映射的方式对整个城市进行仿真模拟，打通智慧产业群之间的各种数据信息，促使信息实现开放共享，最终对新基建浪潮下各行业的数字化转型与升级产生积极的推动作用。

新基建与传统基建的核心区别就是数字化，而智慧城市的核心问题也是数字化，由此可见，新基建与智慧城市建设有着天然的适配性。互联网、大数据、云计算、人工智能、物联网、5G、智能感知等技术在城市规划与建设领域的深入应用，将对全感知、全连接、虚拟交互的数字城市建设产生积极的推动作用。

此外，在数字孪生城市建设过程中，物联网也发挥着关键作用。从某种程度上看，物联网是数字孪生城市建设的基础。因为城市的数字化需要收集各种数据，先创建数字化的产业生态圈，然后将其映射到数字城市中，进而全自动地发现问题。无论新基建还是传统基建，物联网及智能化认知技术都是必备工具。在物联网环境中，传感器网络覆盖了城市各个角落，有助于实现城市构件的即时认知，创建独立连接网络，对城市中人与物连接、管理与回应需求进行全面考虑。

数字孪生城市利用物联网与智能感知设备收集信息，并对信息进行整合，构建产业生态圈，然后与可以实现资源共享的自然环境相结合，便可以促使现实的物理世界与虚拟的数字世界连接互动。可以说，依托于数字技术，数字孪生城市能够创建一个专门用于信息流通的渠道，既保证信息安全，又防止形成信息壁垒，建立数据开放共享标准与规范，形成数据开放共享新常态。

利用城市信息实体模型创建数字孪生城市，能够促进各类信息实现跨行业流通，形成一个安全、有序的生态环境，促使各类公共数据的价值充分释放，打造一个集灾情预警、突发事件应对、公共文化服务等功能于一体的智能城市管理服务方式，推动城市实现智能化、数字化转型，让城市中每一位居民享受到便捷、舒适的生活体验。

另外，参照现实城市搭建虚拟城市，有助于引导现实城市发展，能够全面提高城市规划建设水平，提升城市规划建设顶层设计的科学性，帮助领导者、评定者迅速掌握智慧化给城市发展带来的影响，辅助政府部门科学决策，防止出现重复建设以及低效能建设等情况，推动智慧城市基本建设实现协同创新。

数字孪生城市是数字城市的初始目标，智慧城市是数字城市发展到高级阶段的形态。也就是说，在智慧城市建设的过程中，数字孪生城市是一段新征程。基础设施建设为城市智慧化管理与决策奠定了良好的基础，将现实世界运行中存在的问题映射到数字世界，通过仿真模拟找到解决方案并在现实世界实施，通过不断更迭形成虚实结合的管理方法与经营模式，最终形成智能化治理能力与体系。

三、基于物联网技术的智慧楼宇

随着物联网等新一代信息技术的快速发展和我国城市化进程的不断推进，城市中住宅建筑的智能化和网络化程度越来越高，智能楼宇的概念逐渐被人们所熟知，智能楼宇也逐渐成为未来城市发展过程中楼宇建筑建设的新方向。

楼宇是城市中的重要组成部分，也是人们工作和生活的主要场所，因此，智能建筑行业应提高楼宇设施的舒适性、安全性、环保性、智慧性和可持续性。随着物联网技术的广泛应用和智慧城市建设的层层推进，物联网与建筑融合成为智能楼宇建设的重要趋势。物联网具有整体感知、可靠传输和智能处理等特征，物联网与建筑行业的融合能够推动相关技术的革新，它在智能楼宇中的应用能够有效提高楼宇内公共资源的利用效率，让智能楼宇成为智慧城市的重要组成部分。

目前，智能建筑行业已经找到了将物联网融入智能楼宇的实施方案，并取得了一定的应用成果和经验。以物联网传感器在智能楼宇中的应用为例，智能楼宇中装配的物联网传感器能够采集楼宇内的声音、画面、温度、振动、压力、红外线等信息，并将这些信息传输至计算机系统进行处理、分析和判断，当我们通过在智慧楼宇中装配不同类型的传感器来构建出功能完备的协同系统后，就能够及时发现各类入侵行为并有效防范。

基于物联网技术的智慧楼宇将具备以下特征，如图7-1所示。

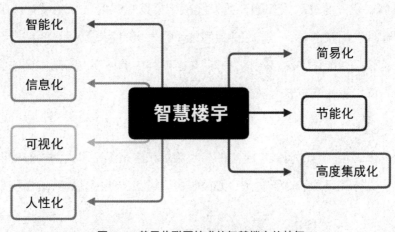

图 7-1　基于物联网技术的智慧楼宇的特征

1. 智能化

智能楼宇的内部对象装配智能芯片后，便具有了一定的能动性和智慧性，功能也将变得更加丰富，不仅能够像普通传感器一样接收和变换信息，还能够充分感知并自动处理更加复杂的外界信息。由此可见，与物联网相融合的智能楼宇具有高度智能化的特点。

2. 信息化

与传统的楼宇智能化系统相比，融合了物联网技术的智能楼宇更具开放性，既能充分利用云计算技术对智能楼宇进行全面的管理和控制，也能打通楼宇内外的信息传输渠道，借助物联网进行信息交换和数据传输。

由于物联网是以互联网为基础构建的泛在网络，因此，与物联网相融合的智能楼宇还可以充分发挥物联网泛在互联的特性，让自身的物联网能够与全球各地的互联网相连，进而为楼宇内外的信息交流提供有效支撑。

3. 可视化

与物联网相融合的智能楼宇具有可视化的特点，能够直接向用户呈现出可视化的数据信息，为用户了解和掌握楼宇内的情况提供方便。

具体来说，与物联网相融合的智能楼宇借助物联网技术将楼宇中的传感器、摄像头、门禁系统、消防探头、智能水电气表等智能设备和系统全部连接起来，构建起智能化的传感网络，并对传感网络中的各项设备采集到的信息进行处理，以可视化的方式呈现出来。

4. 人性化

与物联网相融合的智能楼宇中的各项功能和应用都是以人为中心发展而来的，能够充分满足人们对于居家、办公等各个场景的便捷性、舒适性和智慧性的需求。

比如，全天候的网络服务能够满足人们对办公、娱乐等的需求；交互式智能控制功能让人们能够对楼宇中的智能家居进行语音控制和远程控制，同时与物联网相融合的智能楼宇还可以利用各类主动式传感器感知外部信息，让智能家居根据信息内容主动做出响应。不仅如此，与物联网相融合的智能楼宇还能通过对用户操作行为的分析和学习来自动控制楼宇内的环境变化，并自动下载和更新驱动程序和诊断程序，增加新的功能和应用，及时发现系统中存在的各种问题。

5. 简易化

物联网是在互联网的基础上延伸出来的网络，由于互联网具有技术成熟、底层连接方式多样化等特点，因此物联网也能够充分满足相同标准的设备和应用在网络互联方面的需求。与物联网相融合的智能楼宇能够推动工程建设向简易化方向发展，从而为开发人员更新升级各种软硬件应用提供方便，让开发人员能够开发出功能更加丰富全面的应用，进而更好地为用户服务。

6. 节能化

随着建筑等级越来越高，楼宇中装配的设备也会越来越多，融合了物联网技术的智能楼宇能够联通楼宇中的各个设备构建能源互联网，并收集和处理能源消耗、碳排放指标、生活需求等信息，并将其转化为数据，再利用云计算、云存储、大数据分析等技术手段计算电、水、油、气等能源在不同区域和不同时段的使用量，并对用户的能源需求进行预测，从而以能源使用量的计算结果和能耗预测结果为依据提高能源分配的科学性和合理性，进一步确保能源管理的智能化和高效性，进而达到节约能源的目的。

7. 高度集成化

与物联网相融合的智能楼宇能够充分发挥物联网广泛互联的优势，统一管控智能楼宇中的通信系统、照明控制系统、安防监控系统、暖通环境系统、能源管理系统等多个子系统，打通系统和系统之间的数据传输渠道，促进数据共享。因此，系统集成商向智能楼宇提供的接口协议应遵循标准，提供的集成应用环境应具有开放的特点，与此同时，系统集成商也要对统一的系统管控平台进行优化升级，制定更全面、合理、有效的整合解决方案。

近年来，房地产行业的发展十分迅猛，许多标杆房企开始利用物联网技术对智能楼宇进行升级，并积极推进智能楼宇的数字化转型，全屋智能逐渐成为新的发展趋势。由于建筑行业具有规模大、能耗高、污染大、管理难等特点，因此建筑行业的数字化、智能化转型需要完成从信息化思维向互联网思维的转变。构建建筑产业互联网有助于大数据、物联网、云计算等新兴技术在楼宇行业中的创新应用，让楼宇行业借助各种新技术的力量快速发展。

物联网技术在智能楼宇中的应用能够有效提高居住环境的舒适度、安全性和便捷性，因此发展前景十分广阔，物联网技术在智能楼宇中的应用不仅能加快智能楼宇优化升级的速度，也能反过来推动物联网技术快速发展。随着物联网的快速发展，物联网与人们日常生活的关系越来越密切。当物联网技术进入成熟阶段时，物联网与智能楼宇的融合将成为未来楼宇建设的主流。

四、5G技术在智慧园区领域的应用场景

智慧园区可以看作一个微缩的智慧城市，在国家政策的支持下，我国各地开始大力建设智慧园区。在这个过程中，5G发挥着重要作用。基于超高速率、超低时延、广连接的5G网络，边缘计算、VR、AR（Augmented Reality，增强现实）、AI等技术可以在智慧园区落地应用，进而催生一系列新兴的应用场景。在这些新技术的作用下，园区管理、园区运营、产业孵化等都将发生巨大的改变。

具体来看，5G切片可以为智慧园区提供低时延的安全通道；5G+边缘计算可以实时处理海量数据，满足园区大量个性化的计算需求，实现数据的本地存储与管理；边缘计算+云桌面❶则可以帮助创新型企业实现轻资产办公，为研发型企业的代码安全提供强有力的保障。

在5G网络的支持下，智慧园区的建筑及各项基础设施可以实现精细化管理，各项数据信息可以实现集中分析与统一处理，使整个园区实现高效运行。近几年，越来越多的企业将5G应用于智慧园区建设，并取得了不错的成果。对这些企业的实践成果进行分析，可以总结出5G技术在智慧园区领域的几个典型应用场景，如图7-2所示。

---

❶ 云桌面：即桌面虚拟化、云电脑，是虚拟化和云计算时代的典型应用，也是替代传统电脑的一种新模式。

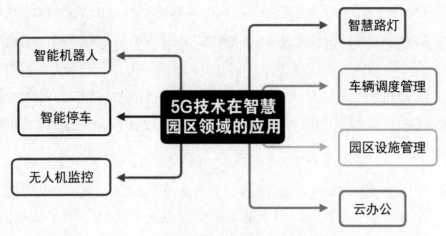

图 7-2　5G 技术在智慧园区领域的应用场景

1. 智能机器人

在 5G 技术的支持下，机器人控制指令可以实现快速传输，实现基础如下：

- 云端大脑可以为智能机器人提供自然语言处理、智能视觉等能力；
- 移动内联网能够极大地提高现有移动信息化的安全能力，可以为机器人端到端的信息传输提供强有力的安全保障；
- 作为机器人"大脑"的机器人控制模块可以实现机器人与云端大脑的实时互动、控制功能。

智能机器人可以凭借人脸识别、人体检测、人证核验等技术对进出园区的人员进行管理，承担接待 VIP 客户、为来访客户提供讲解服务等任务，精准识别陌生人员及可疑人员，切实保障园区安全。

2. 智能停车

在 5G 技术的支持下，智慧园区可以部署车位感知终端，在云计算、智能识别、智慧物联等技术的辅助下打造智慧停车系统，对进出车辆的车牌进行精准识别，快速判断车辆是否享有进出权限，并根据园区的车位空余情况决定是否允许车辆驶入,在车位充足的情况下引导车辆驶入空余车位完成停车,从而实现从车辆进出控制、快速通过到智能停车引导的全自动化智慧停车综合管理服务。

在5G技术的支持下,智慧园区地下停车场信号差的问题可以得到有效解决,进而对所有停车位进行一体化、精细化管理,实现AR路径规划、路线标记等功能:

- AR路径规划可以结合定位系统对车辆进行实时定位,将车辆位置通过AR界面显示出来,根据车辆的目的地为其规划行驶路径,引导车辆快速到达目的地附近的停车位;
- 路线标记主要应用于传统地图没有覆盖的区域或者传统地图标记的道路精度不高的园区,可以将园区内的道路精准地展示出来,为车辆提供准确的指引。

3.无人机监控

在5G、AI等技术的辅助下,无人机应用于智慧园区可以进一步扩大监控系统的监控范围,消除监控死角,实现监控视频、图片等数据的实时传输,满足远程监控、实时监控等需求。无人机的活动范围在空中,不会受到地面建筑、道路、地形等因素的影响,可以极大地提高园区巡查效率,及时发现园区内的异常情况并发出预警。如果园区发生突发事件,无人机可以快速赶到现场,拍摄现场情况,将相关视频与图像传输至管理中心,辅助相关人员对突发事件做出快速处理。

另外,无人机可以在智慧园区内开展规范化、常态化的空中安保巡视,对一些重点区域进行定时检查。无人机搭载的高清摄像机可以将拍摄到的视频、图片实时传输到园区的综合控制中心,控制中心会利用基于人工智能的物体识别、模式识别等功能对这些视频图像进行分析,判断巡检点位是否存在异常,如果发现异常会及时发出提醒,辅助安保人员进行处理,从而降低安保人员的工作强度，切实保障园区安全。

4. 智慧路灯

智慧路灯是基于5G基站、边缘网关、超高清摄像头、环境传感器以及灯杆等设施，对环境光感应、集中控制器和NB-IoT模块进行集成应用，可以采集路灯、环境等信息，借助5G网络将这些信息传输到智慧园区运营平台，精准控制每盏路灯的开关状态、亮度以及照明时间，在提高路灯管理效率的同时实现节能降耗。

5. 车辆调度管理

车辆调度管理是园区的日常管理工作之一，能够直接体现园区的管理水平。在5G与物联网技术的支持下，智慧园区的车辆调度管理系统可以实现车位检测、车牌自动识别、停车诱导、停车场查询、移动支付、反向寻车、智能移动管理等功能，提高车辆调度管理的智能化水平，进而提高整个园区的管理水平。

6. 园区设施管理

在5G技术的支持下，智慧园区可以将照明系统、水电系统等基础设施和资源连接在一起进行智慧化管理，提高这些设施运行的稳定性。

例如，智慧园区的照明系统一般有两个，分别是室内照明系统和室外照明系统。在5G技术的支持下：

- 室内照明系统管理可以实现远程控制与实时控制相结合，对系统故障进行实时检测，对照明回路累计运行时间进行统计，发现异常自动报警；
- 室外照明系统可以根据启停时间表和假日作息表设定照明时间，实现定时照明，还可以在楼道、消防通道等区域安装红外控制设备，实现照明系统的自动控制。

7. 云办公

随着新兴技术快速发展，企业办公模式发生了巨大的改变，开始打破时空限制，从传统的办公室模式向移动办公、云办公发展。云办公建立在云计算、云存储等技术的基础上，对网络传输速度与时延提出了较高的要求，为5G技术的应用提供了广阔的空间。

例如，5G应用于云存储，支持工作人员将办公文件实时存储到云端，随时随地从云端下载文件，对文件进行处理。云存储降低了工作人员对计算机等终端设备硬盘存储空间的要求，甚至不需要这些设备安装硬盘，这样一方面能够推动计算机等终端设备变得更加轻便，降低生产成本；另一方面可以降低这些设备的功耗，符合绿色低碳的发展要求。

第8章
智慧教育：构建教育信息化新生态

一、智能时代的教育变革与转型

近年来，大数据、互联网、云计算、人工智能等技术逐渐渗透人们生产生活的方方面面，在教育领域的应用更是大幅提高了教育的智慧化程度。智慧教育是教育现代化、信息化的重要产物，也符合我国教育事业发展的战略要求，因此我国应积极推动教育体系向智慧教育转型，助力教育信息化发展，构建全新的现代教育信息化服务体系。

就目前来看，我国十分重视智慧教育的发展和应用，并将智慧教育作为智慧城市的核心部分，大力推进相关技术和应用的研究。随着信息化时代的到来，信息技术与教育的融合逐渐深入，智慧教育逐渐成为加速教育系统重构、推动教育信息化发展的关键，同时，信息技术与教育的融合发展也能够赋予智慧教育新的内涵和特征。

1. 智慧教育的内涵

（1）信息时代下的智慧教育

信息时代的智慧教育是指全面深入地运用互联网、云计算、无线通信等技术来建设网络化、数字化、个性化、智能化、国际化的现代教育体系，以教育信息化促进教育现代化。智慧教育能够推动教育创新发展，加快革新教育思想、教育模式、教育系统、教学内容、教学方法和学习方法等的步伐，充分开发教育资源，并为学生提供开放的学习环境，实现教育形式和学习方式的革新。

智慧教育与信息技术能够相辅相成、互相促进、和谐发展。信息技术的应用能够有效提升教育质量、教育管理水平，优化教育结构和教育资源配置，进而促进教育事业科学、和谐、持续发展。将信息技术应用在智慧教育领域有助于推动教育向信息化转型，同时可以提高信息技术在教育领域应用的智能化程度，从而进一步推动我国教育体系高质量发展。

（2）智慧教育与数字教育

从信息化的角度来看，智慧教育是数字教育的高级发展阶段。具体来说，智慧教育在数字教育的基础上融合了云计算、移动通信等多种先进技术，进一步深化了信息技术在教育领域的应用，能够有效化解信息时代的教育改革难题，促进教育系统性变革，并适应教育信息化发展过程中出现的变化，强化对智慧型和创新型人才的培养。

智慧教育与数字教育之间存在许多不同之处，主要表现在以下几个方面，如图8-1所示。

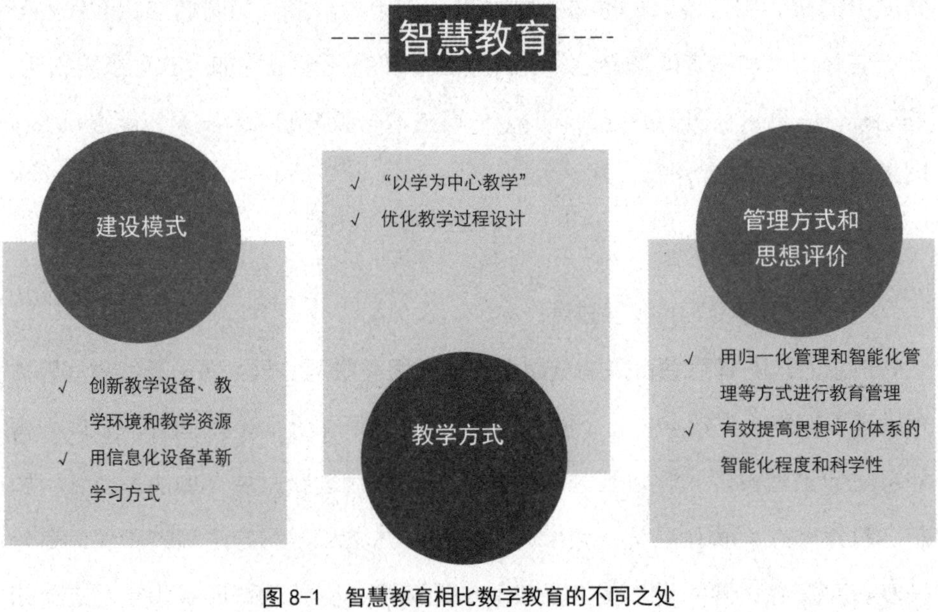

图 8-1　智慧教育相比数字教育的不同之处

- 从建设模式的角度来看,智慧教育在教学设备、教学环境和教学资源方面进行了创新,能够利用信息化的设备革新学生的学习方式,让学生能够以云学习、泛在学习等方式接收新授知识和动态生成的学习资源。
- 从教学方式的角度来看,智慧教育将学生作为教学的主体,实现了"以教为中心教学"向"以学为中心教学"的转变,同时进一步优化了教学过程设计,促进了在线学习过程和智能化教学过程的有机统一。
- 从管理方式和思想评价的角度上来看,智慧教育利用归一化管理和智能化管理等方式进行教育管理,能够有效提高思想评价体系的智能化程度和科学性。

2. 智慧教育的主要特征

智慧教育的主要特征可以从教育维度和技术维度两大方面进行分析,如图8-2所示。

图 8-2　智慧教育的主要特征

(1) 教育维度的特征

智慧教育的发展促进了教育信息化转型,重塑了教育信息生态系统。在教育特征方面,智慧教育综合运用多种信息技术手段创新管理方式、教学方式,并加快推进相关科研成果在教育领域的落地应用,实现了信息技术与教学内容的深度融合,为学生提供了更加多样化、智能化、数字化、信息化的学习方式,进一步丰富了学生的校园生活。不仅如此,随着智慧教育的不断发展,教育工作者将可以利用智慧教育应用进行授课,从而更加高效地向学生传授知识,为学生接受新的学习内容提供方便。

随着社会的不断发展,社会对创新型人才和智慧型人才的需求越来越高,人们对教育信息的需求也越来越迫切,智慧教育能够加强对创新型人才和智慧型人才的培养,为社会输送更多高质量人才,同时也能与人们共享大量高质量的教育信息,为人们提供更多学习渠道和学习资源,提高教育资源交流的智能化程度,充分满足人们的学习需求,进而达到推动教育体系快速发展和大幅提升教育水平等目的。

(2)技术维度的特征

在教育信息化时代,智慧教育主要有情境感知和智能管控等方面的特征。

在情境感知方面,智慧教育可以通过分析用户数据来掌握用户的学习状况、知识背景、学习需求等具体情况,并针对用户的实际情况为其提供高质量的教育服务;在智能管控方面,智慧教育能够以智能化管理的方式来管理教育资源和提供教育服务。具体来说,智慧教育可以在课堂上充分发挥信息技术的作用,利用信息化、智能化的手段来操控教育资源和教育环境,根据数据分析结果找出课堂教学中存在的问题并及时解决。与此同时,教育行业还可以借助智能分析功能优化教育资源共享业务,支持智能教育信息化发展。

二、基于 AI 技术的智慧教育产品

在教育领域,人工智能技术的应用主要包括自动批改作业、拍照搜题在线答疑、语音识别测评、个性化学习和教学体系反馈及评测等。

1. 自动批改作业

随着人工智能技术的快速发展，与人工智能技术相融合的教育产品已经实现了自动批改作业功能。一线教师可以利用具有自动批改作业功能的教育产品来批改学生作业，分担教学压力，提高教学效率。

例如，英语语法纠错产品能够借助自然语言处理技术来判断句子的时态是否符合情境、单词的单复数形式是否准确、用词和语法是否规范等，从而发现句子中存在的错误并予以改正，同时也能确保翻译的准确性，为教师教学和学生学习提供方便。

2. 拍照搜题在线答疑

深度学习、图像识别、光学字符识别等人工智能技术与教育产品的融合能够有效提高教育产品的实用性，让用户可以通过拍照的方式将题目照片上传至云端，并快速获取题目的答案、解题思路、相关知识点等，为学生提供新的学习方法。

近年来，各类拍照搜题软件层出不穷，能基本满足用户的学习需求。例如，作业帮能够利用图像识别技术识别用户上传的题目照片，并快速向用户反馈题目的答案和解题思路。

3. 语音识别测评

人工智能技术中的语音识别和智能测评技术被广泛应用于英语听说教学与测评当中，先进的语音识别测评教育产品能够为出版社、教育软硬件供应商、在线教育平台、英语教培机构、考试服务机构等组织提供智能化的语音解决方案，为用户学习英语、练习口语等提供方便。

例如，科大讯飞、清睿教育等公司推出的语音测评应用产品能够理解和识别多种语言，在用户学习新语言的过程中及时准确地向其反馈发音方面存在的问题,并进行纠正,从而帮助用户提高口语发音的准确性,提升语言学习的效果。

4. 个性化学习

人工智能与教育的深度融合能够大幅提高教育的数字化、智能化程度,实现符合用户需求的个性化学习。

例如,数字学习公司麦格劳·希尔教育大力推动数字课程的研发工作,利用人工智能等技术手段对海量学习数据进行深入分析,并针对各个学生在日常学习习惯、不同知识的实际掌握程度等方面的具体情况制定个性化的学习方案,以切实提高学生的学习成绩。

不仅如此,该公司为了能够长期辅助学生学习,还会在后台系统中为每一位学生建立学习档案,以便通过对学习档案中各项数据的分析来为学生提供更加有效的学习服务。

具体来说,这类教育产品可以借助大数据分析出各个学生在学习方面的特点,进而掌握大部分用户的学习方法,同时也会采集并存储所有用户上传或做过的题目,进而凭借海量资源实现个性化教育。

此外,先讲解原理再讲解应用方法并进行实践是当前的主流教学方式,而人工智能与教育的融合为学生提供了更加丰富多样的应用案例,能够让学生先了解具体应用再学习原理,从而达到解放学生思维的目的,让学生能够根据实际问题灵活运用各项知识。

5. 教学体系反馈及评测

人工智能应用可以采集学生在学习过程中的各项相关数据,并对这些数据进行精准、深入的分析,同时根据分析结果综合评测学生对各项知识点的实际掌握情况,并生成全面、系统的评测报告和详细的学习计划书。

对学生来说,可以通过评测报告深入了解自身的学习情况,及时发现学习过程中存在的问题并改正,利用学习计划书来重新学习方案,找到更加适合自己的学习方式，从而实现高效学习；对教师来说，人工智能教育产品的应用能够让教师更加方便快捷地了解学生的整体学习情况，从而在备课过程中根据学生的学习情况来确立教学方法，提高教学的科学性，真正实现高效教学。

三、VR 技术在教育领域的应用场景

教育新基建是教育与5G、大数据、云计算、人工智能、虚拟现实等新一代数字技术的融合应用，能够有效推动教育模式变革，提高教学效率和教育质量。随着各项数字技术在教育领域的应用逐渐深入，关于虚拟现实技术与教育融合的研究越来越多，VR 教育逐渐被应用到涉及爆炸、生物实验、地下勘探等具有高危、长周期、不可及、高成本特点的教学活动中，为教育教学提供便捷。

教育是国家对未来发展的投资，因此我国高度重视教育，始终将教育放在优先发展的战略地位。在教育培训领域，VR 技术具有许多优势，具体来说，VR 教育既能够大幅提高学生的学习效率，也能增强课堂的趣味性，以可视化展示的方式为学生提供沉浸式的学习体验，从而提高学生的学习兴趣和积极性，同时，VR 教育还能通过模拟真实环境来提高实验教学的安全性，避免学生在操作过程中遭遇安全风险。

总而言之，与传统教育相比，VR 教育能够不局限于时间和空间等因素，以可视化的形式为学生搭建智慧教育场景，为学生提供沉浸式的直观体验。目前，VR 教育的应用场景越来越多，VR 技术在教育领域的应用也进一步革新了教学模式，并加快了教育领域的质变速度。

1. 虚拟学习环境

VR 技术具有仿真性、开放性、超时空性和可操作性等多种优势，能够革新教学模式，为学生提供包含视觉、听觉、触觉等多个维度的信息交互环境和虚拟环境交互体验，将抽象的知识以虚拟现实的方式呈现出来，让学生能够身

临其境地参与到事物变化的全过程当中，充分调动学生的学习积极性，以感受代替说教，以主动学习代替被动学习，从而提高教学的效率和质量。

VR技术在教育领域具有较高的应用价值：VR技术能够为学生构建动态虚拟的学习情景，提高课堂的沉浸感和视觉动感；VR技术的应用能够大幅提高知识的形象性和趣味性，便于学生理解和学习；VR技术在教育领域的应用还能通过模拟训练的方式帮助学生完成对实验的学习，降低实验过程中的操作风险和成本。

2. 虚拟实验室

学校可以利用VR技术为物理、化学、生物、地理等多个学科搭建虚拟实验室，为学科实验提供方便。与传统实验室相比，融合了VR技术的虚拟实验室有着更多的优势，具体来说，主要表现在以下几个方面：

（1）所需成本方面的优势

传统实验室对设备、场地和经费等有着较高的要求，而虚拟实验室能够利用VR技术搭建各种各样的场景来满足实验需求，让学生能够在虚拟环境中学习，这在确保教学效果的同时也能够降低实验教学的成本。

（2）安全性方面的优势

传统实验室中的实验活动的安全性难以保证，而在虚拟实验室中，学生是在利用VR技术搭建的虚拟环境中进行实验，能够充分确保学生的安全。以飞机驾驶教学为例，学生利用虚拟的飞机驾驶教学系统来学习驾驶技能能够有效避免因操作失误出现的坠机风险。

（3）时空限制方面的优势

传统实验室受到时间和空间等因素的限制，学生无法切身体会一些项目，而虚拟实验室可以利用VR技术为学生呈现各个时空的景象，将原本不可及的实验以虚拟现实的方式呈现出来，让学生既能观察宇宙天体的运行，也能切身体会原子粒子的运动和聚变等。

3. 虚拟实训基地

学校可以利用VR技术搭建具有各种虚拟设备和虚拟部件的虚拟实训基地，并随着技术的进步不断革新实训内容，充分满足学生的学习需求。VR技术具有沉浸性和交互性的特点，因此，学生可以进入虚拟的学习情景中获得沉浸式的学习体验，并通过在虚拟的学习情景中不断练习来熟练使用各项技能，除此之外，利用VR技术构建的虚拟学习环境还能够充分保障学生的操作安全，让学生能够放心练习。

以飞机驾驶训练为例，学生可以进入利用VR技术构建的虚拟的飞机驾驶训练系统中学习如何控制设备以及如何在不同的天气中起降，并通过反复练习来提升自身的驾驶技术。

4. 虚拟仿真校园

良好的校园文化氛围能够对教育产生积极影响，推动学校师生向健康向上的方向发展，从而形成优秀的品质和良好的校风，并向社会辐射积极向上的正能量。

学校可以利用VR技术和局域网构建虚拟远程教育网站，提供具有开放性、可移动性等特点的远程电子教学场所，并升级教学模式，构建集视觉、听觉、触觉等多维度于一体的虚拟学习情景，提高教育教学的趣味性，满足不同地区学生的学习需求。

未来，VR技术在教育领域的应用将会越来越广泛、越来越深入，虚拟教室、虚拟实验、虚拟校园、虚拟考场等应用将逐渐进入教育领域，而VR技术与益智游戏、远程教育、协作学习、情景化学习等教育场景的融合也将帮助人们解决许多教育问题，推动教育快速发展。

四、数据驱动的智慧校园解决方案

智慧校园建设离不开大数据技术。智慧校园建设可以借助大数据技术来采集、整理、分析和处理各项相关数据,从而在数据层面为学校发展提供强有力的支撑。随着信息时代的到来,学校对于信息化建设的需求越来越高,大数据技术作为建设智慧校园必不可少的关键技术必然会有十分广阔的发展和应用前景。

1. 在教学管理平台中的应用

大数据技术在智慧校园建设中的应用能够大幅提高教学管理的质量和效率,具体来说,大数据技术既可以为教学管理提供教研数据支持,也可以分析教师和学生的各项行为数据。

智慧校园可以利用大数据技术采集和分析教师的任课情况、教研情况、职位调动、授课班级成绩等信息,并以各项相关信息的分析结果为依据为学校绘制详细的教师画像。对学校的任课教师来说,大数据是优化教学方案和提升自身教学水平的工具;对学校来说,大数据能够更加直观地呈现出学生的学习情况,从而为教师教学水平的评定提供科学依据。

智慧校园可以利用大数据技术对学生的出勤率、考试成绩、课堂表现、获奖情况以及教师的备课情况、课堂教学、课后总结等相关数据进行采集、分析和评价,并以分析结果为依据生成相应的学习评价报告和教学评价报告,以便全面掌握学生的实际学习情况和教师的具体教学情况。对学生来说,可以通过学习评价报告了解自身在学习中的不足之处,并及时对学习计划进行优化,从而高效提升自己的学习成绩;对教师来说,则可以通过教学评价报告发现自身在教学中存在的问题,并及时调整教学内容,充分利用各项教学资源提高自身的教学水平,实现高质量的课堂教学。

2. 在后勤服务系统中的应用

(1)分析学生的校园卡消费数据

学生使用的校园卡具有身份识别和消费两种功能,在身份识别方面,学生将校园卡作为解除图书馆、活动室等场所门禁的工具；在消费方面，学生可以通过校园卡完成就餐、洗浴、打水、交电费、校内就医等一系列消费活动。学生在使用校园卡的过程中会产生大量数据信息，这些数据信息是建设智慧校园的重要数据资源。

智慧校园可以利用大数据技术采集和分析餐厅实时人流量、图书馆实时人流量等校园卡使用过程中产生的数据信息，从而为学生规划时间提供数据参考，防止出现拥堵现象，提高学生在各项活动中的通行效率。由此可见，大数据技术在智慧校园中的应用能够为学生的学习和校园生活提供便捷。

（2）分析相关人员的健康数据

将大数据技术应用于智慧校园建设能够广泛采集校内的学生和教职工人员的各项健康数据，并对这些数据进行深入分析，从而精准掌握校内人员的身体健康状况，以便向其提供具有针对性的健康服务，并根据健康数据的分析结果调整体检等项目的安排，充分保障学校师生的身体健康。

3. 在智能提示系统中的应用

智能提示系统在学校中的应用是智慧校园建设的重要环节。在推进智慧校园建设的过程中，学校需要根据个体角色、业务场景等预先设置相应的提醒信息，以便及时提醒相关人员处理新的待办业务。

具体来说，智慧校园可以利用大数据技术采集和分析海量相关信息，在智慧校园系统中增设待办事项提醒等新功能并对各项原有功能进行优化和完善，以便及时向学生和教师发送上课提醒、学习进度提醒、学分累计提醒等提示信息，在各个不同层面上全方位满足各位教师、学生以及家长的需求。

五、基于大数据的智慧校园管理平台

大数据等新一代信息技术的发展为智慧校园建设提供了强有力的技术支

撑，智慧校园可以利用大数据处理技术采集、分析建设过程中产生的大量数据信息，并充分发挥这些数据信息的应用价值，优化学校教学和校园管理，从而为学生提供更加优质的学习服务。

除采集数据信息外，大数据技术在智慧校园建设中的应用还能够实现对数据信息的专业化处理，并以数据赋能智慧校园发展。智慧校园可以利用大数据技术快速处理海量结构化数据、半结构化数据和非结构化数据，并从中挖掘出有价值的决策信息。

在管理方面，学校有招生数据分析、就业数据分析、师资力量数据分析、财务数据分析等业务需求，而大数据技术在智慧校园建设中的应用能够为学校打造出一个智能化的数据管理支持平台，充分满足学校在数据分析方面的需求。

1. 招生数据、就业数据分析

在招生方面，智慧校园可以利用大数据技术采集、整理、分析往年生源的地区、专业、性别、特长等相关数据信息，并根据数据分析结果制订招生计划，为招生决策提供数据支撑。

在就业方面，智慧校园可以利用大数据技术分析学校各个专业历年来的学生就业率和签约率等数据，并进一步深入分析各专业毕业生的就业地区和就业方向等信息，从而充分掌握各专业的就业情况，以便及时干预学生就业行为，提升学生的就业率。除此之外，也可以利用大数据技术分析社会对人才的需求情况，并根据分析结果调整教学内容，培养更多符合社会发展需求的人才。

总而言之，大数据技术在智慧校园建设中的应用能够充分满足学校在招生数据分析和就业数据分析方面的需求，智慧校园也能够通过数据分析来提高自身资源配置的科学性和合理性。

2. 师资力量数据分析

师资队伍建设是学校发展的重中之重，大数据技术可以通过分析教师的学历、职称、岗位、科研成果、聘用方式等数据信息来对各个教师进行全方位的综合性评价，以便学校优化师资配置结构和考核体系，找出师资队伍中的短板并及时进行强化和提升。另外，数据分析结果也可作为职位调动和人才招聘的重要参考。由此可见，大数据技术在智慧校园中的应用有助于学校强化师资力量，助力学校发展。

3. 财务数据分析

智慧校园可以利用大数据技术采集和分析学校历年的财务数据信息，并根据数据分析结果和实际发展需求优化资源配置，提高各类资源的利用效率，从而达到全面加强学校财务管理、优化预算管理的目的。

除此之外，智慧校园还可以利用大数据技术采集和分析学校内部的水能、电能、设备设施、房屋财产等各项资源数据信息，全方位掌握各项资源设备的实际使用情况，以便提高资源管理方案的科学性、合理性和有效性。

第 9 章
智慧医疗：
科技重塑传统医疗格局

一、智慧医院：驱动医院数智化转型

近年来，5G技术迅猛发展，并且广泛应用于经济社会发展的各个领域。得益于5G低时延、高速率、广连接的优势，万物互联的基础设施体系构建，多个领域开启了智慧化升级。对医疗行业而言，5G、人工智能等技术的应用将加速智慧医院的建设进程，为人们带来便捷智能的医疗服务，并将推动智慧医院在广泛惠及民众的道路上持续前进。

现阶段我国的智慧医院发展尚处于初级阶段，尤其公共医院还存在一系列问题，比如医院信息较为闭塞、医疗资源流动性差、资源两极分化严重、缺乏完善的监管机制等，这些问题导致我国整体医疗水平和效率较为低下，具体表现为患者就诊程序烦琐、看病难、看病贵等民生问题，同时这一系列问题的存在又严重阻碍了我国医疗行业的发展，甚至会对社会和谐发展造成负面影响，严重违背以人为本的数字中国建设原则，因此，借助新一代信息技术创建智慧医院刻不容缓。

1. 智慧医院的概念与内涵

在了解智慧医院之前，我们需要先明确智慧医疗的概念。智慧医疗是指借助物联网、移动互联网等技术，依托智慧化医疗信息平台，实现医患的动态、实时交流互动，从而实现医疗信息化，其中"医"的部分包括医务人员、医疗设备和医疗机构。基于智慧医疗，越来越多的医院开始利用新一代信息技术来

开展医疗活动，不断探索智慧医院的建设。

关于智慧医院的概念与内涵，目前主要涵盖以下三大领域，如图9-1所示。

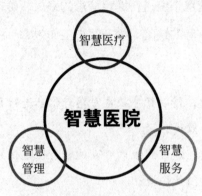

图 9-1 智慧医院的概念与内涵

（1）面向医务人员的"智慧医疗"

在医院局域网的基础上借助物联网等技术，围绕电子病历进行医疗系统和医疗资源的信息化变革，实现医院各系统间的互联互通。

（2）面向患者的"智慧服务"

注重智能化医疗设备的使用，为患者提供智能化、自动化的医疗服务，比如在医院设置多个挂号缴费一体机，患者可以通过智能手机随时随地进行网上挂号、预约诊疗等。

（3）面向医院的"智慧管理"

利用新一代信息技术创建信息化的线上管理平台，医院管理者可以借助智能手机或电脑对医院运行状态进行全程、实时监管，并结合大数据分析、物联网等技术实时优化医疗资源配置，实现医院的自动化、智慧化管理。

2. 智慧医院的建设目标

现阶段，我国大多数医院的智慧化水平较低，医院的运行也存在一些问题，主要表现在医护工作效率低下、患者服务体验较差、内部管理机制欠佳三个方面。那么，建设智慧医院可以从解决这三方面的问题展开。

（1）提升医护工作效率

创建医疗信息统一管理系统，并使其与医院其他系统实现互联互通，医护人员可以依托统一的信息系统进行医疗信息的录入、传输、存储和处理，弥补传统人工记录、纸质存储的缺陷，提升医护工作效率。统一的信息管理系统应当具备以下几项功能：

- **系统录入患者信息**，借助数字技术对患者信息进行系统录入，保证信息准确可靠，提升工作效率；
- **准确记录医嘱信息**，通过线上诊疗系统进行医嘱信息记录、存储和管理，使得诊疗过程更加简便快捷；
- **任务自动提醒**，实时、动态地接收系统信息，并自动提醒相应任务，避免疏漏；
- **药品诊疗项目录入提醒**，通过在诊疗系统中提前设置注意事项或药物禁忌等，在医生输入相关药物时自动提醒，防止药物错开或药物冲突引发医疗事故；
- **医嘱执行查询**，医护人员可借助平台随时查看医嘱执行情况，确保其正常执行；
- **条形码扫描**，自动扫描诊断书、药品等，避免工作疏漏，提升工作效率。

（2）提升患者服务体验

借助人工智能、AR、VR、物联网等技术创建远程诊疗窗口，支持患者远程看病或预约挂号，解决传统排队挂号时间长、效率低的问题，为患者提供便捷的医疗服务体验。具体应当包括以下几项功能：

- **手机预约挂号**，患者可借助手机随时随地预约挂号；
- **检查结果查询**，患者可随时登录智慧医院系统的个人账号，查询检查结果；
- **医嘱查询服务**，在智慧医院系统中，患者可随时查看个人医疗信息，避免忘记医嘱或错误服药；
- 电子病历，依托智慧医院系统能够高效创建电子病历，并将电子病历存储于个人电子医疗档案中，便于患者查看和日后使用。

（3）优化内部管理机制

随着新一代信息技术在医疗领域的应用，目前医院已拥有多个信息系统，包括医院信息系统（HIS）、实验室信息管理系统（LIS）、影像归档和通信系统（PACS）、放射学信息系统（RIS）、远程会诊系统以及后勤能耗监管系统等，但现阶段这些系统之间独立性较强，尚未形成统一的通道，因此无法形成统一的医疗数据，极大地制约了医疗水平和效率的提升。因此，要借助信息技术对这些系统进行整合，消除系统壁垒，优化内部管理机制，创建融合互联的智慧医院信息化系统，去除中间的重复环节，助力医院运行实现降本增效。

在智慧医院信息系统的整合过程中，要注重系统功能的优化和升级，赋予系统信息监管的功能，对涉及业务运作的所有数据（比如就诊量、患者出入院情况、医疗保险使用情况、医院财务、后勤能耗、设备运维等数据）进行实时监控和动态管理。

二、智慧医院信息化平台建设方案

5G时代的到来为智慧医院建设提供了先进的技术和海量的数据，各类先进技术的应用又为医疗行业带来了多种智能化的设备，比如医学传感器、红外感应器、RFID装置、激光扫描仪等，同时通过对智能设备、智能化技术以及医院局域网进行集成与融合，形成了智慧医院的统一网络，为智慧医院的平台应用提供载体，这也将加速智慧医院的落地应用。

智慧医院作为数字中国建设的一个重要方向，应用场景也十分广泛，主要包括以下几个方面。

1. 手机一卡通应用

现阶段，随着智能手机的普及，二维码等便捷的工具也得到了广泛应用。智慧医院可以根据医患身份创建不同的二维码，实现"一码通"。在医院职工侧，二维码能够聚集门禁卡、考勤卡、饭卡等卡片功能，方便使用和管理；在患者侧，二维码能够聚集住院卡、门禁卡、身份认证、支付交易等功能，便于患者使用，提升患者的医疗服务体验。

2. 医疗平台应用

（1）电子病历

基于智慧医院系统架构，借助大数据、人工智能、物联网等技术可以创建格式统一的电子病历系统，并不断优化和完善其智慧化功能，进一步实现医疗数据的自动化、精准化、系统化处理和应用，提升医疗效率。同时，每个患者的电子病历会一直跟随其医疗档案，方便不同医生快速了解其病史和用药史等。

（2）远程会诊及探视

利用数字技术能够在智慧医院系统中创建并完善远程会诊及探视系统，依托这一系统，医生可以对患者进行远程诊断，家属也可以远程探望患者，减少医患矛盾，提升医疗效率。

（3）移动云查房

智慧医院系统支持移动云查房功能，帮助医生摆脱时空限制，仅需一部智能手机就能实现随时随地查房。移动云查房功能一方面可以提升紧急情况响应和处理的效率，提高医疗水平；另一方面可以增进医患之间的交流互动，医生可以随时对患者进行心理疏导，缓解患者的焦虑情绪。

（4）智能救护车

智能救护车具备智能的车载医疗设备和器械，并且能够通过物联网、移动互联网等技术实现与智能医院系统的实时互联与动态交互。在智能救护车接到患者后，车载智能医疗设备能够对患者身体指标进行精准检测，并将数据实时传输至中心平台，平台对患者病情进行远程诊断，并提供精准治疗方案，同时传输至智能救护车，救护车上的医护人员可在途中进行初步救治。此外，中心平台能够精准定位救护车的位置，精准掌握救护车返回医院的时间，做好救治准备。

3.移动办公应用

基于智慧医院系统能够研发相应的移动办公软件，医护工作者在办公时，可以依托5G网络，在智能移动终端（智能手机、智能手表等）随时随地开展工作，比如浏览邮件、查询信息、处理公文等。移动办公应用能够为医务工作者带来智能、便捷的工作体验，提升办公效率，同时能够帮助医务工作者平衡工作和生活。

三、大数据在智慧医疗中的应用

医疗大数据就是医疗领域产生的海量数据，这些数据能够体现医疗行业的发展特征，并为智慧医疗的快速发展提供助力。从数据来源上看，医疗大数据主要来自政府、保健组织等外部组织和医院信息系统等内部系统；从数据用途上看，医疗大数据的应用能够整合大量相关数据并进行高效的分析处理，帮助相关工作人员减少花费在数据处理工作中的时间，同时也能够促进智慧医疗快速发展。

具体来说，大数据在智慧医疗领域的应用优势主要体现在以下几个方面：

（1）辅助临床决策

大数据分析的应用能够对各项医疗数据进行快速准确的分析，并在评估医疗费用和医疗效果后生成多种治疗方案，从而利用海量数据弥补医务人员在知识和经验上的不足，辅助医务人员实现最佳临床决策，进一步提高临床决策的准确性，让患者享受到更加优质的医疗服务。

（2）提供个性化医疗

大数据分析能够通过对用户数据进行准确全面的分析来有针对性地向患者提供病情诊断、用药指导、治疗等医疗服务，同时，还可以通过与智能传感、基因测序等先进技术的融合来提高医疗服务的个性化程度，从而加快医疗领域实现个性化医疗的步伐。

（3）改进医疗系统

在大数据时代，医疗机构可以借助大数据分析来实现医疗系统的更新升级，并进一步提高医疗服务的效率，缩短患者的待诊时间，提高医疗过程和医疗信息的透明度，减少医患冲突，并持续优化医疗系统中的各项应用，解决医疗服务中的各类难题，提高医疗系统的运行效率。

那么，大数据技术在智慧医疗领域有哪些具体应用呢？

1. 疾病预防

大数据能够在疾病预防工作中发挥重要作用。具体来说，由于现代医学已确定的健康影响因素较少，人们无法充分了解基因、健康行为、自然和社会环境等因素对身体健康的影响，因此人们难以制定出有针对性的疾病预防方案。而大数据具有对比分析功能，研究人员可以利用大数据来了解病患的家族病史、医疗记录、生活习惯、饮食习惯、收入水平、教育水平等信息，并对各项数据进行对比分析，进而发现各项因素与人体健康之间的联系。

不仅如此，疾病的研究人员还可以通过对不同地区、不同年龄段人群医疗数据的分析来找出其他影响健康的因素，并据此建立健康监测评估图谱数据库和知识库，制定针对性的疾病预防方案，帮助居民有效防治各项疾病，为居民的身体健康提供充分保障。由此可见，大数据在医疗领域的应用能够进一步完善医疗健康服务，为不同人群分别提供个性化的疾病预防方案。

除此之外，大数据还具有整合数据和分析数据的能力，能够高效整合并分析大量公共卫生数据，并实现精准的疾病预报和全面的疾病监测。

以大数据在哮喘病防治工作中的应用为例，美国的Asthmapolis公司开发的哮喘病医护平台能够为哮喘病患者提供专业化的医疗服务。具体来说，这种针对哮喘病的医疗产品能够追踪和记录患者的吸入器使用情况，并将采集到的数据信息上传到中央数据库中进行深入分析，医护人员可以通过数据分析结果了解患者的吸入器使用情况和当前的患病程度等信息，并综合考虑哮喘危险因素数据等信息为患者制定个性化的预防方案或治疗方案。

2. 临床应用

大数据在临床领域的应用场景十分广泛，具体来说，相对疗效研究、医疗资料的透明化、药物副作用分析和远距离监测病患等临床工作均可以应用大数据技术。

（1）相对疗效研究

信息技术的飞速发展为电子病历的普及提供了强有力的支持，目前，电子病历系统已发展得比较成熟，能够借助大数据对海量医疗数据进行精准高效的分析处理，并明确各项干预措施在使用效果方面的差异。大数据的应用在数据信息层面给临床治疗决策提供了支持，同时也为医护人员的相对疗效研究提供了助力，有利于进一步提高疾病诊疗效率，避免出现过度治疗或治疗不足等问题，进而充分保障病患的生命安全。

（2）医疗资料的透明化

对病患来说，可以通过大数据分析来评估和对比各个医院在治疗费用、治疗水平等方面的差别；对整个医疗行业而言，大数据的应用能够简化业务流程，减少成本支出，完善医疗护理服务，优化病患的就诊体验。

（3）药物副作用分析

2022年5月11日，《华盛顿邮报》报道了美国国家卫生统计中心公布的数据：2021年美国共有107622人死于过量用药。此外，美国联邦政府卫生部门表示，美国每年有超过70万人因为出现各种药物不良反应紧急就医。

药物通常存在不同程度的副作用，错误使用不仅可能会出现过敏等不良反应，使药物无法充分发挥药效，更有可能出现威胁生命安全的情况。不仅如此，不合理用药也会为病患带来经济方面的压力。大数据的应用能够分析病患服用药物后可能出现的副作用反应，进而为医护人员的临床用药和新药研发等工作提供指导，同时也能够帮助医护人员优化病患诊疗工作，最大限度地避免出现用药不当的情况，为病患的生命安全提供保障。

（4）远距离监测病患

近年来，物联网技术飞速发展，可穿戴设备等在医疗领域的应用日渐广泛。现阶段，患有高血压、心脏病、糖尿病等疾病的患者都可以利用可穿戴医疗传感设备测量自身的血压、心率、血氧、吐气流量等健康数据，并将测量结果上传至健康管理中心或医院的相关系统中，为医护人员制定具体的治疗方案提供数据层面的支持，同时医护人员也可以根据对这些数据的分析结果向病患提供饮食等方面的建议，为病患调养身体提供帮助。

3. 互联网医疗

互联网和大数据技术的快速发展为在线医疗的落地应用提供了强有力的技术支持。具体来说，病患将自身的健康数据和病症相关数据上传至平台后，医生可以通过互联网来获取这些数据，并据此对病患的患病情况进行分析，再向病患反馈病情诊断结果。在线医疗打破了时间和空间的限制，能够在一定程度上缓解医疗资源分布不均带来的就医问题，但就在线医疗目前的发展情况来看，现阶段的在线医疗还无法彻底解决医疗资源方面的问题。与此同时，互联网医疗平台中也可能有一些资质不足的人员参与病情诊断，这类人员提供的病情诊断结果通常存在可靠性不足等问题，且平台中的病历数据可能也不够全面，难以有效支撑医疗人员对各项病症做出精准的诊断。

除在线问诊平台外，依托于互联网的网络药房也能够为病患提供购药和药物配送服务，病患可以通过网络药房直接购买非处方药，也可以在具有处方的情况下购买相应的处方药。病患在网络药房中购药能够有效减少花费在购药上的时间,因此就目前来看,网络药房具有一定的发展潜力。

综上所述,医疗系统中的各个部门需要充分发挥大数据分析的作用,并在大数据分析技术的支持下提高整个医疗系统的工作效率和临床决策的准确性,进而加快实现个性化医疗的步伐,促进整个医疗领域实现健康快速发展。

四、基于 AI 技术的医学影像应用

起初 AI 医学影像所依托的诊断方法是传统的 CAD（Computer Aided Diagnosis,计算机辅助诊断）,但因为这种方法诊断的准确率比较低,经常出现假阳性与假阴性,所以没能在临床得到推广应用。近几年,随着卷积神经网络技术不断发展,AI 技术在医学影像识别领域展现出了巨大的应用潜力。

传统的 CAD 系统是基于人类对世界和事物的认知定义特征,然后通过对医学影像进行分析寻找这些特征以完成建模。深度学习则是对人类的认知过程进行模拟,其性能会随着数据学习以及算法改进不断提升。但基于深度学习的 AI 医学影像产品想要成为工业级产品,在临床得到较大规模的推广应用,必须解决产品的鲁棒性[1]问题,降低使用门槛,保证使用安全。

1.AI 医学影像分类

目前,AI 在医学影像领域主要有三大应用:一是病灶识别与标注,二是靶区自动勾画与自适应放疗,三是影像三维重建。下面对这三大应用进行具体分析。

（1）病灶识别与标注

病灶识别与标注是利用 X 射线、CT、MR 等设备对病灶潜在部位进行拍摄,对可识别分析的图像进行定量分析与对比分析,从中提取一些关键特征辅助医生准确地识别病灶,提高疾病诊断的准确率,降低假阴性、假阳性的发生

---

[1] 鲁棒性:指的是控制系统在一定的参数摄动下,维持其他某些性能的特性。

率。同时，AI应用于病灶识别与标注可以在几秒钟内处理十万张以上的影像，效率极高。

（2）靶区自动勾画与自适应放疗

靶区自动勾画与自适应放疗主要用于肿瘤放疗环节。在AI技术的支持下，靶区勾画时间可以缩短至几秒钟，而且精准度极高，可以辅助医生制定更精准的肿瘤放射治疗方案，还可以在患者多次上机照射的过程中对病灶位置变化做出动态识别，不断调整放疗位置，实现自适应放疗。

（3）影像三维重建

医学影像的三维重建是利用医学成像设备获取二维图像及彩色冰冻切片图像，构建目标组织或器官的三维几何模型，并将其通过计算机屏幕呈现出来，解决断层图像的配准问题，节约配准时间，提高配准效率，为医生对病变体进行定性分析与定量分析提供有效支持，切实提高疾病诊断的准确率。

下面对上述三个领域最有代表性的AI医学影像公司进行总结，如表9-1所示。

表9-1 我国AI医学影像公司所属临床应用领域情况

应用领域	代表企业
病灶识别与标注	阿里云、依图科技、微清医疗、腾讯觅影、推想科技
靶区自动勾画与自适应放疗	连心医疗、全域医疗、医诺智能、汇医慧影
影像三维重建	脉流科技、晰健医疗、锐达医疗、联影医疗

目前，我国AI医疗行业最大的问题就是标准缺失，无论是在医院网络化平台建设方面还是在AI辅助诊断功能指标方面都没有统一的标准，导致AI在医疗行业的应用比较混乱。在医学影像领域，这一问题主要表现为数据脱敏标准不统一，使得最终生成的数据格式不统一，无法进行整合分析。另外AI医疗影像辅助产品参差不齐，无法统一使用。

2. AI 医学影像面临的挑战

我国医疗影像数据的规模很大，但90%左右的数据属于非结构化数据，因为数据标准不统一，跨平台分享机制不完善，所以这些数据只能孤立存在，开发利用的难度极高，而且开发利用的价值也不大，给AI医疗影像企业获取高质量的医疗影像数据、对数据进行标注带来了巨大的挑战。

（1）高质量数据获取难度大

目前，我国大部分高质量的医疗影像数据掌握在三甲医院手中，而这些医院通常不会公开数据，给AI医疗影像企业获取数据带来了一定的困难。另外，不同的医院对医学影像数据及临床诊断报告有不同的记录标准，使得数据质量参差不齐，很难整合应用。

例如，大型医院使用的CT机可能采购自不同厂家，机型不同。如果在产品化的过程中，研究人员仅采集几个机型的数据或者使用公开数据对模型进行训练，即便模型在实验过程中表现极好，在实际应用过程中也不一定会有理想的表现。

（2）数据标注成本高

医学影像数据的开发使用有一个非常重要的环节就是数据的预处理，而数据预处理的一项重要任务就是数据标注。一般来讲，数据标注的准确度越高，数据诊断结果就越准确。在机器学习的过程中，对用于训练的每张图片都要进行标注。目前数据处理与学习技术尚不成熟，导致数据标注的成本始终居高不下。

目前，虽然AI医学影像产品能够帮助医生分担部分工作，但仍不是医疗机构必不可少的设备。从医生的角度看，即便AI医学影像产品的漏诊率很低，但只要存在漏诊的可能性，医生就需要重新对片子进行审核；从患者的角度看，因为AI医学影像产品的使用成本比较高，所以患者付费使用的意愿并不强。总而言之，AI医学影像产品想要在临床上推广应用，还有很多问题需要解决。

第 10 章
智慧金融：
AI 开启金融科技新浪潮

一、AI+ 金融：赋能金融科技创新

智慧金融是一种基于大数据、云计算、人工智能等先进技术的金融科技，具有智能化的特点，能够利用机器代替人来进行决策，并有效提高金融机构的服务效率，能够推动金融信息服务向智能化、个性化和定制化的方向发展，并提高金融服务的智能化水平。

随着人工智能技术的快速发展，基于语音识别、人脸识别、机器学习和机器人技术等人工智能技术相关应用的落地速度越来越快，应用范围也越来越广，并逐渐形成了较为完整的产业链。从本质上来看，人工智能的三大要素是数据、算法和算力，同时这三项要素也是供应链金融领域实现智慧化发展的基础，金融行业需要利用人工智能来提高发展速度、拓展市场空间、实现高质高效发展。

1. 智慧金融的三个发展阶段

从金融行业的发展历程上来看，技术进步和商业模式革新都离不开科技的发展和金融理念的创新。具体来说，从代表性技术和核心商业要素特点上来看，金融行业的发展历程主要包括以下三个阶段：

- "IT+ 金融"阶段：金融行业可以使用信息系统来办理各项业务，这不仅能够提高业务办理的电子化程度和自动化程度，也可以进一步提升自身在

数据交互方面的能力和在金融服务方面的工作效率；
- "互联网＋金融"阶段：金融行业可以通过互联网平台和移动终端来集中整合大量用户数据信息，并支持多方信息交互，在应用互联网的基础上进一步创新金融服务方式；
- "人工智能＋金融"阶段：金融行业可以借助人工智能技术来提升自身的智能化程度，减少在交易决策方面的成本支出，同时加强信息交流，规避因信息孤岛造成的各类风险，并深度挖掘客户需求和潜在价值，以便为客户提供智能化、个性化、定制化的金融服务，有效驱动整个行业实现转型创新。

具体来说，IT信息系统的应用和互联网的快速发展为金融行业进入"人工智能＋金融"阶段打下了良好的基础，处于"人工智能＋金融"阶段的金融行业可以充分利用人工智能等技术手段来重构金融产业链、优化商业逻辑，同时这些技术的应用也会影响金融行业未来的发展方向。

基于人工智能技术的机器能够模拟人的意识、思维和行为，并代替人来完成多种工作，同时还能够打破时间和空间的限制，在同一时间服务于多位客户，并大幅提高服务的个性化程度。在金融行业，人工智能技术在前端的应用能够提高金融服务的人性化程度，优化客户的服务体验；在中端的应用能够为金融决策提供支持，提高整个决策过程的智能化程度；在后端的应用能够有效提高管理的精细化水平，帮助金融行业实现对风险的精准识别和有效防控。

算法和数据为智能金融在通用领域的广泛应用提供了强有力的支撑，有效提高了金融行业的业务效率。而各个细分领域数据量的快速增长为智能金融在各个细分场景中的应用提供了数据层面的支持，同时也为金融行业提高自身的业务效能提供了助力，促进了金融应用格局向多样化方向发展。

2. "人工智能＋金融"的技术应用

现阶段，计算机视觉、语音识别、自然语言处理、知识图谱等人工智能技术已广泛应用于金融领域当中,并在诸多金融活动中发挥着十分重要的作用。

(1)计算机视觉+金融

计算机视觉技术的应用能够代替人力完成身份核验等工作,同时还能创新客户交互模式,提高金融机构与客户沟通的自动化程度,增强金融机构在风险控制和客户服务等方面的能力,进而达到提升金融机构的风险防范水平和优化客户服务的目的。

(2)语音技术+金融

语音识别技术能够应用于客服机器人、合规场景质检等诸多场景中,并以自动化的方式代替人力完成各项金融工作。就目前来看,许多金融机构都使用语音识别技术来完成各项工作,且语音识别相关应用在短时间内仍旧是金融行业推进业务自动化工作的重要工具。

例如,金融公司可以利用语音识别技术将传统的人工电话回访升级为智能语音回访,并借助基于语音识别技术的语音质检功能来检查语音回访的用词、情绪和业务规则,这不仅能够大幅提高回访工作效率,降低人力成本,还能优化贷后催收业务的质检效果,强化贷后催收管理,减少非法催收事件,进而达到提升客户满意度的目的,实现真正意义上的降本增效。

(3)NLP技术+金融

金融行业可以通过综合运用NLP和语音识别技术实现智能化的意图识别和多轮对话等多种功能,并在此基础上革新客户交互模式,提高与客户交互的智能化程度,降低人力在相关业务中的参与度,从而减少在运营方面的成本支出。

不仅如此,NLP还具有信息挖掘能力,能够深入挖掘各项非结构化数据,并在文本合规性检查、数据检索等业务场景中发挥重要作用,提高各项业务的自动化水平。未来,NLP还将会应用于智能投研和智能投顾等行业中,推动整个金融价值链实现创新发展,并为金融机构实现智能分析决策提供强有力的支持。

（4）知识图谱+金融

知识图谱技术的应用有助于金融行业使用智能化风控模型来精准高效分析海量客户数据，并根据各项客户数据的分析处理结果为客户提供实时的智能化风控服务，同时进一步扩大信用风险防控范围，推动信用风险防控向人机交互的方向发展，并将事后处理改为事前防范，强化整个客户群的风险防控意识和能力，最大限度地规避系统性风险。

除此之外，知识图谱技术的应用还有助于打破知识壁垒，促进各个场景之间的信息交流和共享，帮助商业银行充分发挥各项数据信息的价值。知识图谱在理论和构建技术方面存在较大的进步空间，且目前在金融领域尚处于应用初期，但经过长时间的发展，未来知识图谱技术将会在智能风控、智能营销、智能反欺诈和智能搜索可视化等方面发挥重要作用，大幅提高银行中各项业务的智能化程度，驱动智慧银行快速发展。

二、智能理财：个性化财富管理服务

随着人们收入水平持续增长，投资意识不断增强，个人财务管理需求短时间内迎来爆发式增长。此前，传统金融机构出于风险控制、获取更高利润等方面的考量，为财务管理设置了较高的门槛，普通用户难以享受到方便快捷的财务管理服务。而人工智能技术的应用，将彻底打破这一局面。

硅谷创业公司Olivia AI就是利用人工智能满足个人财富管理需求的典型代表。Olivia AI基于人工智能技术、行为经济学、财务管理知识等为客户打造人性化、专业化的个人财务管理助手，统一管理客户资产，并结合用户消费习惯、风险偏好等，为客户制定个性化的理财方案。

近几年，国内外出现了大量个人财务管理创业公司，这是因为当下的主流消费群体理财需求旺盛且理财能力不足，存在开销无节制、资产管理混乱等情况。而企业通过开发功能完善、交互体验良好的个人财务管理产品，可以快速打动他们。

网络服务平台ifttt利用人工智能技术,帮助消费者养成良好的财富管理习惯。ifttt是"if this then that"的缩写,寓意用户的网络行为能够引发连锁反应。ifttt提供服务的逻辑为:如果用户在A网站进行了某项操作,那么B网站会自动完成另一项操作。具体到帮助用户进行财富管理方面,ifttt设置了多种规则帮助用户管理财富,比如每次消费后找回的零钱要放进线上"储钱罐"等。

1. 财富管理

人们在使用互联网过程中留下的多维度数据,为金融机构低成本洞察客户投资需求、描绘立体化的用户画像带来了诸多便利。智能金融可以精准洞察客户偏好,快速为客户找到合适的投资项目,实现需求和供给的精准匹配。这将使中低净值人群也能享受到优质的财富管理服务,而且管理费用明显降低。

具体来看,智能化的财富管理模式如图10-1所示。

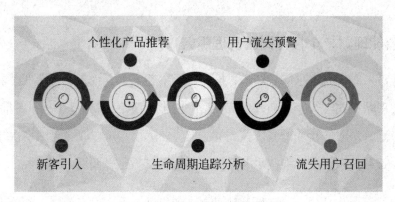

图10-1 智能化的财富管理模式

2. 资产管理

虽然资产管理产品与服务类型愈来愈多元,但行业却面临较多痛点,比如跨期资源配置信息不对称,导致资产流通效率低下等。而在智能金融模式中,这些问题将得到有效解决。

我国资产证券化市场存在主体信用和债项信用不清晰等问题,导致尽职调查过程难以有效识别风险。利用人工智能技术，证券机构可以大幅度提升自身的风控管理能力。风险是证券金融行业始终无法绕过的命题，提高风控管理能力是证券金融机构增强自身核心竞争力的重要手段。

此前，证券机构的风控管理是一种以适应合规监管要求为导向的被动式管理模式，进而引发了业务流程烦琐、欺诈和信用风险较高、客户服务质量不佳等诸多问题。智能风控技术将有效解决这些问题，在智能风控模式中，证券机构能够以人工智能、物联网等新兴技术为支撑，开展监测预警的主动式风控管理，为信贷、反欺诈、异常交易监测等创造巨大价值。

区块链技术可以在资产池组建、成立特设信托机构（SPV）、资产销售、信用增级、信用评级、证券发售、支付价款、管理资产池、清偿债券等资产证券化流程中发挥重要作用。智能金融借助联盟链、穿透式监管、智能合约等技术，能够有效提高资产信息透明度，实现对资产交易全流程的实时监测和追踪。智能化资产管理的体系架构如图10-2所示。

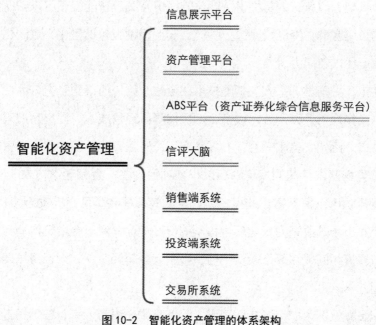

图10-2 智能化资产管理的体系架构

在人工智能技术的帮助下，资产管理机构的投资决策水平将得到明显提升。人工智能将通过"软硬结合"的方式为资产管理机构的投资决策提供支持。在硬件设施方面，资产管理机构可以获得企业资产管理系统等系统服务；在软件服务方面，资产管理机构可以利用光学字符识别、知识图谱等技术，获得大数据分析、云技术及AI技术服务等。比如，在智能投研领域，将光学字符识别和自然语言处理技术相结合，可以自动搜集投资项目涉及的公司相关信息，实现投研效率的显著提高。

三、智能投顾：投顾机器人的应用

2010年，机器人投顾（Robot-Advisor）技术开始在欧美发达国家兴起，催生了智能投顾概念。智能投顾是指智能机器人在把握客户理财需求的基础上，利用智能算法、数据中心等取代人工提供理财顾问服务。也就是说，智能投顾是能够利用智能算法、投资组合理论等，结合客户投资目标、风险偏好、财务状况等信息，为其提供个性化的投资方案。智能投顾可以帮助银行挖掘庞大的长尾客群，降低投顾岗位门槛，实现投顾服务批量化、定制化，为普惠金融发展注入新活力。

近几年，机器学习等人工智能技术在金融业的价值得到了充分体现。引入智能机器人作为财务顾问成为很多金融机构降低经营成本、提高客户服务能力的重要举措。比如，美国知名证券零售商和投资银行美林证券引入投资顾问机器人，这类机器人管理的投资项目以小型项目为主，金额通常在25万美元以下。智能投顾可以根据客户的投资偏好帮助其抓住转瞬即逝的动态投资机会，增强客户对市场的洞察力，实现更科学的资产管理。对于金融机构而言，使用机器人做投资顾问能够降低投资门槛，吸引大量年轻客户，为自身拓展更多的盈利渠道。

智能投顾机器人应用了知识图谱、深度学习、语音识别、自然语言处理等多种AI交互技术，可以更为个性化、人性化、专业化地与用户交流，并提供金融全领域在线问答服务。应用智能投顾机器人后，很多传统投顾的痛点将得到有效解决，比如：基于知识库为用户提供问答服务，由于知识库内整合了基金、市场研究报告、选股、诊股等多方面的知识，可以快速为用户答疑解惑；提供持仓异动监控服务，智能投顾机器人可以利用舆情系统提供的数据，为用户提供业绩预警、经营预警等多项服务，从而大幅度提升用户资产安全性。

2014年，智能投顾被引入国内市场，经过一系列的技术升级和服务模式创新逐步在国内市场得到推广。国内银行业首个智能投顾系统是招商银行于2016年12月6日推出的"摩羯智投"。此后，中国银行、建设银行相继推出了"中银慧投""龙智投"等智能投顾产品。券商、科技企业、保险公司等也纷纷推出了智能投顾产品。

智能投顾可以综合考量风险偏好、投资期限、预期回报等多种因素，为用户提供个性化的资产配置方案，同时，还能提供营销咨询、资讯推送等增值服务，提高企业的盈利能力。传统投顾服务主要面向资产在百万元以上的高净值人群，管理费普遍高于1%，而智能投顾服务面向普通大众，管理费为0.25%～0.5%。

不过，需要指出的是，发展智能投顾需要获取海量的行业与用户行为数据，并建立完善的算法平台和技术体系。为此，互联网科技巨头和金融机构需要充分合作，共享优质资源，为客户推出更为多元化的个性商品。

四、智能客服：助力金融业降本增效

高效营销是金融业实现可持续增长的重要手段，而利用人工智能技术对营销环节进行改造升级，能够助力金融业降本增效，为金融业的发展提供巨大推力。

传统金融营销主要是通过实体网点、电话推销、地推沙龙等方式进行营销推广，营销人员对目标客群把握不清晰、营销缺乏个性化等，导致用户体验不佳。而智能营销则是利用人工智能、大数据、云计算等技术，全面搜集客户交易、出行、餐饮、消费等方面的数据，建立用户需求分析模型，从而为目标用户提供千人千面的个性化营销服务。

金融业需要面向C端客户，能否提供高质量的客户服务对整个行业的发展至关重要。银行、保险、互联网金融等领域对售前电销、售后客服及反馈服务有着旺盛需求，现行客服中心的产品效率、服务质量、数据安全等已经无法满足实际需要。智能客服可以利用大规模知识管理系统为金融机构提供多元化的客户接待、管理及服务智能化解决方案。

人工智能技术在客服领域的应用，催生了智能语音服务、智能语音质检、智能知识库等新事物，为提升客服体验带来了积极影响。

- **智能语音服务**：利用语音识别、机器学习等技术可以建立具备自主学习能力的互动式语音应答系统，给客户带来良好的客服体验。
- **智能语音质检**：利用自然语言处理等技术，智能语音质检系统可以对人工客服服务进行自动化质检，帮助客服人员提高服务质量。同时可以获取用户个性需求，指导金融机构推出个性化金融产品与服务。
- **智能知识库**：智能知识库能够对客户在多渠道中提出的问题进行汇总，并分析客户真正意图，然后从知识仓库中匹配相关知识，通过自然语言处理技术给予客户反馈。目前，智能知识库可以为客户提供账户明细查询、贷款查询等多种服务，有助于提高银行客服服务效率，并降低客户等待时间。

智能客服系统不仅能够实现"应用—数据—训练"的闭环，自动生成流程指引和问题决策解决方案，并以文本、语音、机器人反馈动作等方式与客户交互；而且可以对客户提出的问题进行汇总并分析，挖掘客户需求，把握服务趋势，为企业产品与服务创新、公共关系管理等提供有效帮助。

目前，金融业的智能客服系统已经能够解答大部分的客户常见问题，特别对于高重复率、高频次的问题，智能客服系统的表现效果较为理想，这能够有效降低企业运营成本，并改善用户体验。

五、智能银行：颠覆传统银行业务模式

早在2013年，建设银行就建成了国内第一家智慧银行，开始为客户提供新型的金融与社会服务。与此同时，中国银行、浦发银行、工商银行也逐渐意识到了5G等新兴技术在其智能化转型过程中的重要作用，开始依托先进技术打造智能银行、颠覆传统的银行业务模式。

1. 智能银行的场景化应用

依托银行的新型系统，利用生物识别技术、物联网、5G通信技术等，银行能够消除生活场景、社交场景及金融场景之间的壁垒，通过输出优质、高效的金融服务来提升用户的体验。智能银行能够实现远程业务办理，使远程专家服务与银行自助服务构成统一的整体，发挥两者之间的协同作用，让用户可以通过自助方式办理更多的业务，在输出快捷服务的同时，打造安防监控、智能家居场景，加强与客户之间的交流互动，提供优质的远程信息传输服务，比如：

- 智能迎宾识别，利用动画投影技术、导览设备、仿真机器人等能够进行服务输出，让用户能够快速查询资信状况，从网络平台获得个性化名片；
- 智能化开放服务，通过智慧柜员机、银行App能够登录金融超市，浏览、订购理财产品；
- 智能手续办理，围绕客户需求开展运营的金融工具能够实现对不同人工智能技术的综合运用，通过先进的互动空间设备为用户办理多项业务，包括信用卡业务、投资业务、财富管理业务等；
- 智能化娱乐需求满足，利用远程互动平台、智能家居服务、共享服务等能够增进与客户之间的交流沟通，为客户提供优质的体验服务，满足客户的娱乐化需求，突出金融服务的新颖性。

2. 重新定义银行网点

在打造智能银行网点的过程中，银行需要基于客户需求采用新技术积极改革传统模式，围绕客户需求开展运营。具体来说，银行可以从以下几个方面对传统模式进行改革。

（1）精准识别、无感体验、技术融合、安全防护

利用人工智能的人脸识别、视频分析技术能够确认客户的身份；依托互联网技术，打造网点管理平台，用以统计、分析银行网点的客流情况及其他环境信息，让客户获得更为优质的无感体验；结合应用边缘计算、5G网络技术，通过安保设备进行实时监控，并将所获数据应用到业务办理过程中，通过这些数据来进行流程溯源；同时还能帮助客户免遭人身或财产损失。

（2）建设金融科技体验馆

对于银行而言，金融科技体验馆不仅有助于梳理银行业务版图，为银行未来的发展提供借鉴，而且有望作为旅游景点来发展，让5G智能银行成为金融行业的一大亮点。

（3）提供多元化、高质量、娱乐化的服务

多元化服务的提供，有助于提升客户体验，打造社交服务场景，组织各式各样的娱乐活动，根据客户需求进行服务提供，对不同功能进行组合，更好地发挥其应用价值。

在5G等技术的支持下，数据宽带技术突飞猛进，能够更加快速、精准地进行数据发送与接收。将5G等技术应用到银行业，有助于打造生产网与互联网相结合的网络体系，在提高安全性、发挥协同作用的同时，还能提升用户的上网体验。所以，大批银行开始借助金融科技来优化服务体系，对原有服务范围进行延伸，并突出自身的独特优势。近几年，很多银行在5G等多种技术领域积极开展布局，通过完善基础设施发挥新兴技术在数字化改革中的推动作用。

建设银行启动了"金融科技"战略,并积极联手北京政府部门,着手打造5G+智能银行,加快实施"北京新金融行动",并计划在每个区落成一家5G+智能银行。

建设银行在建设顶层技术平台的过程中利用5G等技术构建了自己的核心系统。在这个系统的驱动作用下,建设银行在处理各项业务的过程中能够实现对先进技术的应用落地,并能够利用技术手段提升运营效率,促进不同部门之间的合作。以此为前提,建设银行能够建立起完善的数据治理体系,深挖数据价值。

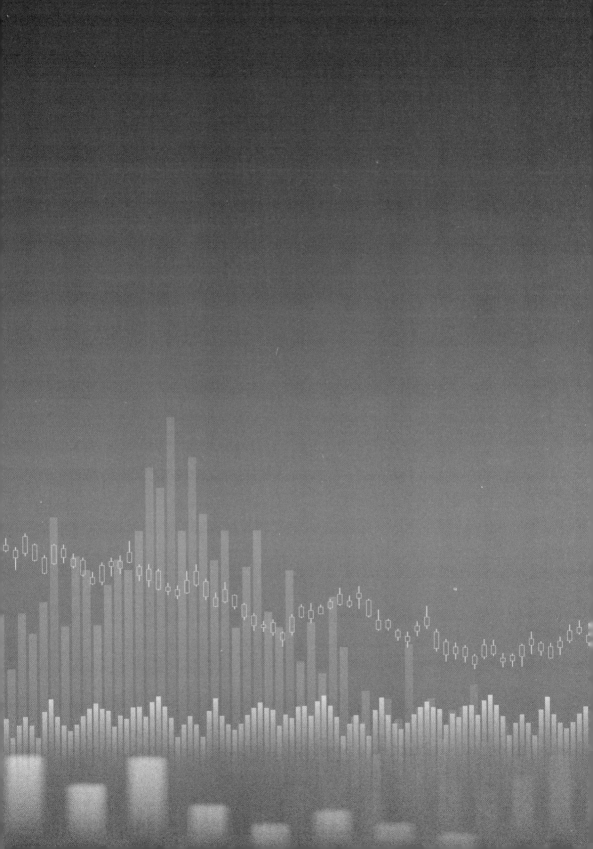

第四部分

数字政务篇

第 11 章
互联网 + 政务：
赋能数字政府建设

一、"互联网+"驱动政府数字化转型

随着互联网技术的不断发展以及与各领域的融合逐渐深入，社会公众与互联网和信息化的接触越来越多，对其认识也越来越全面深入。在"互联网+"时代，我国电子政务也会紧跟互联网发展的脚步快速发展，及时满足公众不同的需求。

互联网和信息技术的进步为电子政务顶层设计带来发展的机遇，以互联网为基础建立的电子政务系统将会在确保信息安全和政府系统运行的基础上部署电子政务应用，为群众提供创新性更强、服务体验更好的公共服务，未来的电子政务顶层设计也会充分利用互联网，不断创新服务模式，提升政务服务部门的服务水平。

"互联网+政务服务"作为创新型的公共治理模式，并不是简单地把传统办公模式线上化，而是依托大数据、云计算等现代信息技术，构建集成多种功能、能够适应不同业务场景需求的电子政务系统，通过创新服务模式、优化政务服务流程，实现政务服务平台多元化、业务流程规范化、服务模式协同化和服务供给智慧化的公共治理模式（如图11-1所示），满足公众多样化的政务服务需求。

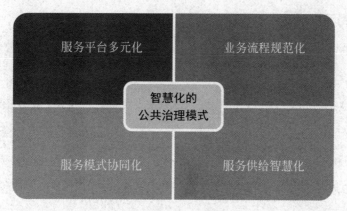

图 11-1　智慧化公共治理模式

1. 服务平台多元化

在"互联网+政务服务"的模式下，现代信息技术政务服务渠道的拓展为政务领域的发展提供了重要支撑。门户网站作为最主要的数字化信息载体之一，在政府进行社会治理的过程中能够发挥重要作用，它是现阶段电子政务系统建设的核心。同时，随着人们对智能移动终端依赖性的加强，以移动终端为载体的政务服务应用和程序不断上线，例如微信、微博、政务客户端等，这不仅实现了服务渠道的创新，还有助于控制服务成本，能够为公众提供更加便捷、高效的政务服务。

多平台服务渠道打破了原先依赖门户网络的单一化电子政务系统格局，确立了集成PC端、App客户端、社交媒体等多端口的多元化的公共治理与政务服务模式。政务新媒体在"开放、共享、参与"发展理念的指导下，贴近新兴产业集群化、跨越式发展需求，构建了B2G（Business to Government）和R2G（Resident to Government）等全方位、全天候、多元化的新型沟通交流机制，大大提升了政务服务能力和服务质量。比如，国务院客户端"掌上政务服务大厅"推动了行政机关线上与线下服务供给的有机融合，能够促进各职能部门服务方式的数字化转型，以便捷化、精准化、高效化的方式响应信息时代的政务服务需求。

2. 业务流程规范化

在"互联网+政务服务"模式中,服务平台的功能正不断拓展,不再局限于信息公开、新闻发布一类的基础功能,交互性也进一步加强。政务平台以权力清单制度中对职能部门权限和责任的相关规定作为标准依据,并结合不同服务需求设置对应的功能界面,打造功能齐全、流程简洁的政务服务"超市",促进政务服务平台的多功能、智能化转化。以线上方式完成业务事项办理,不仅能够降低公众获取服务的时间成本和机构的服务成本,而且可以缓解行政职能部门的业务压力。

政务平台的有序运行不仅需要数字化技术的支持,还需要完善的监管机制作为保障。相关部门需要制定清晰、明确的办事指导流程,对相关业务事项的办理进行规范。监管部门则可以从业务事项流程设置、服务申报材料处理、收费标准的合理性和合规性层面入手,对相关流程进行监督。"网上综合服务大厅"的构建,不仅能提升政务服务效率,还有助于促进权力运行的透明化、业务流程的规范化和政务服务的数字化。

3. 服务模式协同化

"互联网+政务服务"模式的发展响应了推进国家治理体系和治理能力现代化建设的要求,现代信息技术赋能下的"互联网+"政务服务供给模式能够打破不同职能部门间的信息壁垒,根据事务办理流程规范,推动部门间办事系统的互联互通与协同,促进与业务相关的基础信息的共享,改变原先部门之间"各自为战"的政务服务供给模式,满足公众便捷化的服务需求。

在"互联网+政务服务"理念的指导下,传统的、低效率的政务服务模式将向着"整体、高效、协同、智能"的方向发展。在这一趋势下,各级行政机关可以依托现代信息技术、数字化技术手段,对原有电子政务平台或业务服务应用进行整合优化,促进相关业务功能的统一与融合,进而打破层级、部门间的政务服务供给限制,形成覆盖不同层级、不同部门的内外联动、信息互通、高效便捷的协作运行机制。架构统一、界面统一的线上政务服务平台，可以为公众提供更为便捷的全方位线上政务服务。

4. 服务供给智慧化

基于"互联网+政务服务"模式，电子政务水平有了质的飞跃。依托于云计算、大数据等现代信息技术，电子政务服务由"办公电子化"的初级阶段向业务流程自动化、后台数据处理智能化、数据对接精准化、整体环节高效化的高级阶段迈进。这一阶段是互联网思维、现代信息技术和创新精神的有机结合，通过业务流程和服务方法的不断优化，实现以数字化赋能政务资源合理统筹和政务服务高效协同。

推行"互联网+政务服务"模式，是信息时代实现政务机构服务模式数字化、智能化转型的结果，是推进现代化治理水平和能力提高的必然要求，该模式不仅可以拓展政务服务渠道和范围，还能够促进传统的公共服务供给模式的转变。随着数字化、自动化程度的提高，公众可以在服务平台"自助"完成业务办理，这是政务服务供给人性化、现代化的直接体现。

二、"互联网+政务"模式的实践路径

我国推动电子政务的创新发展主要是为了优化各个政务服务部门，从而为广大群众提供更加优质、便捷、高效的基本公共服务。但由于目前的电子政务系统还不够成熟、与互联网的融合度不高，不仅无法实时在线办理业务，使基本公共服务的效果大打折扣，还需要公共服务部门支出大量资金进行运维。

因此，电子政务亟须转向"互联网+政务"的发展模式，基于信息技术和原有互联网基础设施，在统一的互联网平台上整合与人民群众日常生产生活密不可分的基本公共服务应用。这样做既能简化公共服务部门的工作，提高服务效率；也能为群众提供更多的便利，提升便民服务的质量与水平。

1. 构建在线政务服务的标准化体系

就我国的电子政务发展来看，现阶段已基本完成基础设施和网络平台建设，并逐步进入深化应用发展阶段。政府网站和网络便民服务应用可以支持大部分政务服务事项在线办理，满足人民群众对政府在线服务的需求，在一定程度上方便了广大人民群众。但还有一部分政务服务事项仅仅在线上公布办事指南，却并没有实现全流程在线办理；也有一些政务服务事项的线上办理缺乏明确的标准和规范的流程，且存在不同地区、不同部门之间的要求和服务标准不一致的情况，这都大大降低了政务服务在线办理的效能，而政务服务过程中的诸多不便也会影响人民群众的服务体验，不利于提升政府的公众满意度。

因此，各政务服务部门要充分发挥"互联网+政务"的优势，全面整合自身的办理事项、业务权限、办事指南、办理流程等与政务服务事项办理相关的信息，并基于这些信息以部门为单位列出政务服务清单，以提高人民群众的满意度和政务服务部门的服务效率为目标，构建全新的在线政务服务体系，进而推动"互联网+政务"效能升级。

2. 建立 O2O❶ 政务服务体系

随着"互联网+"的快速发展，各个传统行业的信息化程度逐渐加深，人民群众对政务服务的要求也逐渐提高，催生出"互联网+政务"的新型服务模式。

在"互联网+政务"模式下，政务服务开拓出更多新的服务渠道，例如微博、微信、移动App等。基于O2O服务模式的服务供应链能够充分发挥互联网传输速度快、传输信息量大的优势，为"互联网+政务服务"带来线上线下相融合的政务服务新模式。在"互联网+政务"新模式下，要将线下服务迁移至互联网平台，并进行电子政务业务创新，推动"一窗受理"和主动服务，调整办事流程，提高办事效率；还要研究清楚基本公共服务的供需差距和供给

---

❶ O2O：Online To Offline 的缩写，即线上到线下的商业模式。

方式，运用"互联网+"思维打造O2O政务服务模式，实现线上线下一体化办理，持续深化政务服务改革创新，围绕群众需求调整服务模式，让群众办事更方便。

3. 开放公共数据建设智慧政府

为推动智慧政府建设，要基于数据治国战略建设数据标准体系，持续更新各个类型和领域的大数据建设标准，促进各个信息系统之间的网络互连和信息数据共享。除此之外，还要在分析公众需求的基础上开放政府公共政务数据，建设大数据处理公共服务体系，鼓励社会力量利用公共政务数据，充分挖掘公共政务数据的价值。

为进一步优化服务供给，可先在城建住房、医疗卫生、教育文化、交通运输、公共安全等公共服务领域选取试点，开放公共信息资源，取得一定成效后再在财政、金融、税收、政府转移支付等领域继续推行，从而实现对政府项目的信息化监管，打造阳光型、服务型、智慧型政府。

三、政务大数据平台建设的思考与对策

现阶段，转变政府职能，努力建设人民满意的社会主义现代化政府，努力建设服务型政府，已经成为我国政府建设的主要课题。为了顺应政务服务信息化的发展趋势，利用信息技术对工作方式、工作模式进行改革，电子政务应运而生，并积极推进政务大数据平台的建设。经过多年的努力，我国政务大数据平台建设已经初具规模，但仍存在一些问题，具体分析如下。

1. 政务大数据平台的建设背景

计算机技术的快速发展是政务大数据平台建设的重要前提，尤其随着第三次科技革命的顺利推进，我国计算机技术以及信息技术快速发展，为政务大数据平台建设奠定了坚实的技术基础。

目前，我国各级政府开始尝试创建政务大数据平台，一方面可以通过这个平台发布一些政策与规划，与人民群众共同交流讨论，增进人民群众对政府政策的理解；另一方面能够为人民群众提供一个建言献策的平台，让政府可以了解人民群众的所思所想，根据人民群众的意见与建议不断完善政府政策。总而言之，政务大数据平台无疑能够增进政府与人民群众的互动，对服务型政府建设产生积极的推动作用。

大数据在我国政府工作中得到了广泛且深入的应用，逐渐形成了政务大数据。在我国的大数据战略中，政务大数据的形成与应用是一项重要内容，也是推进政府资源与信息共享的重要措施。经过十几年的发展，我国的电子政务已经形成了一定的规模。但进入大数据时代之后，原有的电子政务系统逐渐无法满足政府工作的开展需求，亟须利用先进的信息技术进行改造，全面推进政务大数据平台建设。

2. 政务大数据平台的建设难点

（1）电子政务共享数据中心存在不足

虽然我国的电子政务已经形成了一定的规模，但受传统的体制机制、思想观念以及管理方式的影响，我国电子政务存在严重的"数据孤岛"现象，具体表现为各个政府部门专注于建设自己的信息系统，各自保存自己的数据，彼此之间没有交流互动，不共享数据与信息，导致部门之间无法相互协作，工作效率得不到有效提升。

具体来看，政务大数据平台在数据共享方面的问题主要表现在以下三个方面：

- 虽然各级政府在电子政务建设过程中积累了很多数据，但这些数据并没有完全转化为有用信息，导致政务大数据平台中的数据信息不完整、参考价值较低；

- 在政务大数据平台存储的各类数据中，结构化数据占比较大，没有将数据量更庞大的半结构化数据与非结构化数据纳入其中；
- 政务大数据平台中的数据只能在政府机关内部共享，无法对人民群众开放，在一定程度上违背了政务大数据平台建设的初衷。

（2）大数据管理机制的落后

虽然政务大数据平台收集的政务信息很多，但大数据管理机制不健全导致大部分信息没有实现数据化，无法发挥出应有的价值。大数据管理机制落后的形成原因比较复杂，主要体现在以下三个方面：

- 我国大数据管理机制的建设时间比较晚，没有太多成功的经验可以借鉴，需要不断探索实践，在失败中吸取经验与教训；
- 我国大数据管理机制定位不明确，政府部门没有意识到将信息数据化的重要性；
- 我国政务大数据管理没有形成一套完整的流程，在数据采集、整理、分析与应用等方面还存在很多问题。

（3）数据处理和应用技术的落后

数据处理与应用是政务大数据平台建设的关键。随着信息技术快速发展，其在社会生活的方方面面得到了广泛应用，催生了很多新型的互联网数据。

在大数据时代，社会生活中发生的任何事情都有可能形成互联网数据，有些是结构化数据，有些是半结构化数据，它们构成了数据资源的重要组成部分。如何对这些数据进行有效处理、提高这些数据资源的利用效率，成为政务大数据平台建设的核心问题。

3. 政务大数据平台的实践对策

（1）准确定位政务大数据平台

政府建设政务大数据平台，首先要明确定位。通过对国务院发布的与大数据有关的政策法规进行解读可以得知，我国政务大数据平台的定位是基于政府公共信息的资源平台。也就是说，我国建设政务大数据平台的主要目的是促使政府公共资源信息实现共享，解决政务工作中的信息不对称问题，提升工作效率。需要注意的是，政务大数据平台共享的信息不包括政府机构内部运转方面的信息，只是共享部门之间的基础信息，因此不会对政府机构的内部运作产生不良影响。

政务大数据平台的技术框架包括数据源、数据采集、数据存储、数据处理及应用几个方面：

- 在数据源方面，政务大数据平台要明确定位，共享政府部门之间的基础信息，适当采集外部信息；
- 在数据采集方面，政务大数据信息的采集要充分利用线上线下各种渠道，尽量扩大数据的采集范围，保证采集到的数据真实准确；
- 在数据存储方面，要积极引进、学习先进的数据处理技术，将收集到的各类数据进行整合创建数据库，不断扩大数据存储容量；
- 在数据处理及应用方面，采用各种方式对政务大数据进行开发，提高数据资源的利用率。

（2）构建政务大数据平台的方法与步骤

政务大数据平台的创建需要遵循以下几个步骤：

- 政府部门要将不同类型的政府公共信息汇聚在一起进行处理，找到不同信息之间的连接点，形成一份科学的信息资源目录；
- 政府部门要基于信息资源目录对各类政府信息资源进行整合；
- 政府部门要对政务大数据进行共享，增进各部门之间的互动；
- 政府部门要创建大数据应用模型，对政府信息进行充分挖掘与利用，缩短信息更新周期，提高信息更新效率。

总而言之，进入大数据时代之后，我国政府部门要适应这种变化趋势，全面推进政务大数据平台建设，提高政府公共信息的开放度与共享度，增进政府部门之间的沟通与交流，提高政府运作效率，打造一个令人民群众满意、有助于推动社会主义现代化国家建设的高效、透明、现代化的服务型政府。

第 12 章
AI+ 政务：
构建智慧政务治理新路径

一、AI 驱动政务治理智能化

人工智能是计算机科学领域的一项重要技术，能够研究、开发用于模拟、延伸和扩展人类智能的理论、方法、技术及应用系统。随着大数据、云计算、物联网等技术快速发展，数据规模实现了大幅增长，如此大规模的数据也为人工智能训练提供了有效的工具。

1.AI 在组织管理中的应用价值

随着云计算技术快速发展，数据计算能力不断提升，计算成本持续下降，对人工智能的应用产生了积极的推动作用。除大数据、云计算之外，影响人工智能发展的因素还有很多，包括机器学习、深度学习、自然语言处理、计算机视觉等，这些技术的作用具体分析如下：

- 在机器学习的支持下，计算机具备了分析数据、识别隐藏模式、预测结果等功能；
- 深度学习可以用来分析语言、图像和视频等复杂、丰富和多维的数据；
- 自然语言处理技术可以从文本中读取、生成图像等信息，支持机器人与网络虚拟助手通过语音界面与用户互动；
- 计算机视觉可以从视觉元素中提取字符与图像。

在语音识别、图像识别、深度学习和自然语言处理等技术的支持下，人工智能逐渐具备了像人一样的思考能力,不仅可以听懂、看懂,而且可以自主思考、自主解决问题。具备这种能力的人工智能在政务服务领域应用,可以切实优化政府部门的工作方式,提高组织效率与决策质量,拓展服务渠道,推动服务体系持续完善。

根据工作任务的复杂性以及自动化程度,人工智能对组织管理有四大作用,分别是解放、分解、增强、取代,如图12-1所示。

图12-1 人工智能对组织管理的作用

- 解放:人工智能能够取代人类开展数据搜索、数据记忆等常规化的工作,让工作人员可以将时间与精力投入价值更高的任务;
- 分解:利用人工智能对工作任务以及业务流程进行分解,可以对部分环节进行自动化改造,提高整个流程的自动化水平,无法实现自动化的环节则可由工作人员完成;
- 增强:将人工智能的优势与工作人员的优势相结合,能够将一些工作人员难以完成的任务交由人工智能完成,进而提高工作效率,保证工作质量;
- 取代:人工智能可以取代工作人员独立完成整套任务,包括重复性任务、决策任务等。

2. AI 赋能政务治理智能化升级

智慧政务指的是借助人工智能、大数据等先进技术，对各个政府部门的资源进行整合，打破"数据孤岛"，重塑政务服务流程，对部分政务服务环节进行智能化改造，切实提高政务服务效率，增强政府部门的社会治理能力，推动政务服务智能化转型与升级。

人工智能在政务服务领域的应用不仅为政务服务提供了治理工具，而且获得了很多实践机会与实践场地，具体分析如下。

一方面，人工智能为政务服务提供了技术治理工具。人工智能技术在政务服务领域的应用可以促进政务服务实现自学习、自适应、自服务。借助语音识别、图像识别、深度学习和自然语言处理等认知技术，人工智能可以对政务服务的标准清单知识库、业务流程、应用系统和数据库等进行模拟与训练，创建智能决策平台、语音视频处理系统、虚拟智能服务空间、政民互动系统以及机器人服务终端，创新智能政务服务形态。

另一方面，在赋能政务服务的过程中，人工智能也获得了很多试验机会与试验场景。政务服务内容与结构的复杂程度不同，人工智能应用所产生的解放、分解、增强和取代效果也不同。具体来看，这种复杂性主要体现在三个方面：

- 在内容层面，政务服务涵盖了许可、备案、公共服务等不同类型的事项；
- 在管理方面，政务服务涵盖了申请、受理、审批、监督等多个环节；
- 在以公众完整性的公共服务需求导向下，人工智能应用需要按照价值增值链条对不同内容、不同类别的政务服务事项进行整合，对各个流程进行重塑。

二、AI 在智慧政务中的应用场景

人工智能是推动电子政务发展的一项重要技术，随着人工智能快速发展，相关产品与应用逐渐成熟。人工智能在电子政务公共服务的各个领域得到了广泛应用。下面我们对几种典型的应用进行具体分析。

1. 身份认证

个人在申请电子政务公共服务之前，电子政务公共服务系统会确认其身份，这个过程就是身份认证。身份认证的主要目的在于确定用户的身份是否合法、是否享有使用权限，防止黑客入侵，防止非法用户使用假身份进入系统，维护系统安全与数据安全，保障合法用户的合法权益。

例如广东省在创建数字政府的过程中，利用互联网、云计算、人工智能等技术打造了移动民生服务平台——"粤省事"，集成小程序和公众号两大模块，通过实名认证与实人验证两种方式对用户身份进行核验，为用户提供服务民生一站式办理服务。

2. 智能客服

人工客服的工作时间有限、精力有限，无法全天高效率接待用户。智能客服则打破了这些局限，可以不间断地接待用户，极大地提高了接待效率，缩短了用户的等待时间。此外，用户的政务服务需求往往比较复杂，对政府服务人员的综合素质要求较高。

智能客服基于语音识别与分析技术，可以通过语音与用户交互，通过语义分析了解用户的真实需求。在这个过程中，用户不用等待提示音结束就可以说出需求，获得更加自然的交互体验。智能客服可以通过语音分析从中提取一些有价值的信息，通过对来电原因、来电次数、通话时长、满意度等条件进行分析把握客户需求变化。

此外，智能客服可以通过对用户在网页、微博、微信及其他手机应用等渠道的留言和行为进行识别，与政务知识库、各项政务业务开展流程进行对接，为用户提供全天候、高精准度的回复，让用户享受到社交般的政务服务。

3. 智能搜索

① 在电子政务公共服务信息搜索领域，人工智能的应用空间也比较广阔，可以过滤信息，对异构信息进行检索，对视频信息进行搜索等。基于人工智能的智能过滤技术以及基于机器学习的神经网络技术可以对文档内容做出精准识别，对公众需要的信息进行智能化过滤，快速筛选出有用信息。

② 人工智能异构信息检索可以处理各种格式的非结构化数据，包括TXT、HTML、PDF、XML、RTF等，基于人工智能的文字识别技术以及图像识别技术可以对多语种、结构化、半结构化、非结构化的数据进行统一处理。

③ 人工智能视频检索可以根据检索对象的特征，对视频文件进行快速处理，找到符合条件的目标，提高视频检索的准确率与效率。对于电子政务公共服务来说，这一功能的应用可以切实保障服务安全，提高服务绩效管控效果。

4. 态势感知

人工智能态势感知包括两大内容，一是网络安全态势感知，二是社会舆情态势感知。通过态势感知，电子政务公共服务系统可以更好地把握民众对政务服务的需求，有针对性地为民众提供政务服务，切实提高社会监管的质量与效率。

5. 智能机器人

人工智能政务服务机器人的类型有很多，在现实生活中比较常见的有通用的政务服务机器人和税务服务机器人。例如税务服务机器人通过对语音识别、语音合成、语义理解等人工智能技术进行集成应用，一端模仿人类的语音、文字与客户沟通，另一端与税务业务系统对接，通过微信、电话、小程序、自助终端等多个渠道为客户提供业务咨询、业务办理等服务，并利用大数据技术对产生的业务数据进行实时分析,并基于数据分析结果创建各种数据模型,用来辅助业务分析。

在税务机器人的辅助下,后台管理人员可以实时了解用户对各类税务的查询情况、对业务办理进度的关注情况,通过对用户的搜索记录、咨询记录进行分析,准确掌握用户关注的热点问题。

三、基于 AI 预训练模型的实践应用

在我国,基于互联网的政务信息化已经持续多年。在这个过程中,有些政府部门创建了信息系统,有些政府部门创建了数据中心。但信息系统主要用于解决部门内部的业务问题,数据中心的功能也比较单一,一般主要用于收集数据,无法对数据进行分析、处理,导致数据价值难以充分发挥。

政务数据规模大、价值密度高、数据格式相对规范,但非结构化数据比较多,高质量的标注数据比较少,数据挖掘难度比较大。政务服务机构想要充分利用这些数据,必须借助人工智能技术对数据隐藏的信息进行充分挖掘,为公众提供高质量的数据服务。

近年来,虽然语音识别、视觉感知等人工智能技术获得了快速发展,但基于自然语言处理的认知智能发展缓慢,还没有形成成熟的技术与应用,无法为政务数据的挖掘使用提供强有力的技术支持。为了解决这一问题,众多企业与机构积极探索,促使以预训练语言模型为代表的人工智能语义分析技术快速发展,成为数据挖掘、数据价值提炼的重要工具。

1.AI 预训练模型的内涵

近年来,虽然很多企业与机构尝试将卷积神经网络、循环神经网络、注意力机制等应用于语义分析领域,但由于数据集不足,相关的参数无法扩大,实际应用效果不佳。

研究表明，基于大型语料库进行模型训练可以掌握通用的语言知识表示方法，为后续语音分析任务的开展提供极大的方便，而且在处理小规模数据时，也可以有效避免神经网络过拟合❶的问题，不需要每次从头开始训练新模型。

所谓预训练模型（Pre-Training Models），指的是以海量通用的文本语料为基础进行无监督训练得到的语音模型，它能够为分类、相似度计算、问答、纠错、摘要等语义分析任务的开展提供强有力的支持。另外，预训练模型可以与领域数据相结合进行优化，提高整体性能。

2.AI 预训练模型发展阶段

基于AI的预训练模型经历了两个发展阶段。

第一个阶段，预训练模型的代表技术当属词嵌入技术，通过设计模型，对模型进行训练，使其具备表示文本语义向量的能力。在下游任务中，预训练模型使用语义向量对数据进行表示，然后使用合适的算法对数据进行处理，完成具体的分析任务。在这个阶段，词嵌入表示的语义与上下文无关，无法准确地表示深层语义。

第二个阶段，预训练模型不仅对上下文相关的词嵌入进行学习，还对语义关系、句子关系、问答等基础模型进行学习。在下游任务中，预训练模型不仅可以提供文本语义向量表示，还可以利用下游任务数据进行调优。在这个阶段，预训练模型有三个代表性应用，分别是ELMo、GPT、BERT。

（1）ELMo

ELMo（Embedding from Language Models）模型使用双向循环神经网络特征抽取架构，让每一个单词对应两个隐藏状态，在两个或多个独立的向量间建立联系，通过对单词进行拼接得到单词的嵌入式（Embedding）表示，

---

❶ 过拟合是指为了得到一致假设而使假设变得过度严格。

得到与上下文相匹配的动态语义向量。相较于Word2Vec静态语义向量来说,这种表示方法有了很大的进步。

(2) GPT

GPT (Generative Pre-Training) 是生成式预训练模型, 训练方法分两步:第一步, 利用没有标签的文本数据集对语言模型进行训练;第二步, 根据问答、文本分类等任务对模型进行调整。GPT使用单向的Transformer特征获取架构进行训练, 使用文本的上文对文本语义进行表示。

(3) BERT

作为一种语言表示模型, BERT (Bidirectional Encoder Representations from Transformers) 代表来自Transformer的双向编码器表示。BERT有两大训练任务:第一, 掩码语言模型, 随机挑选一些字符进行掩码处理, 通过对掩码字符进行预测实现模型训练;第二, 对两个独立的句子进行拼接, 将其输入BERT模型, 通过对这两个句子之间的顺序进行预测来完成模型训练。在训练过程中, BERT不仅可以学习到双向文本语义表示, 还能学习下游任务的基础模型。

总体来看, 虽然ELMo、GPT、BERT的训练方法、捕捉特征的能力各不相同, 但在语义理解和分析方面BERT的优势显著。

3.AI预训练模型的落地应用

AI预训练模型在行业落地应用, 首先要明确业务需求与语义分析需求, 对现有的业务数据情况进行总结;其次要根据业务要求选择适用于语义方案的技术, 并创建相应的模型;最后要根据业务应用的要求集成应用, 对应用进行评估, 根据评估结果进行改进。AI预训练模型在行业落地应用的流程如图12-2所示。

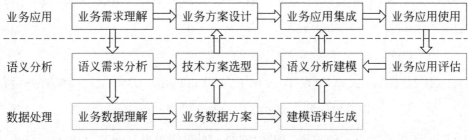

图 12-2　AI 预训练模型在行业落地应用的流程图

（1）需求理解和分解

根据行业应用对 AI 预训练模型落地应用的各业务环节的需求进行梳理，将业务需求分解为分类、聚类、查重、摘要、纠错、抽取、检索、智能推荐等语义分析任务。

（2）行业预训练模型

技术研究通常有两个极端，要么只研究通用模型，不考虑实际应用；要么只考虑实际应用，不考虑研究成本。关于 AI 预训练模型在行业落地应用的研究要打破这一现状，对实际应用效果与成本进行综合考虑，研发出具有较强适用性且成功可控的模型。

（3）模型调优

AI 预训练模型在行业落地应用，可以采用两种方式进行模型调优。第一种是根据行业数据对预训练模型进行训练，根据具体的 NLP 任务对模型进行调优，这种方法需要考虑成本问题；第二种是引入成熟的通用预训练模型，根据具体的 NLP 任务对模型进行调优，这种方法需要考虑实用性，要根据具体的业务应用选择合适的路径。

（4）模型部署

AI 预训练模型在行业落地应用要考虑准确性、并发性能、响应时延等问题，既要保证模型的应用性能，又要控制模型的使用成本。从性能方面考虑，开发人员可以采用蒸馏、剪枝和量化等方法提升模型性能，根据实际应用环境与需求选择合适的模型。

（5）效果评估与改进闭环

AI预训练模型在实际业务领域集成应用，完成部署后可以对实际应用效果数据进行采集、评估，根据评估效果进行语义建模，提高模型的服务能力，不断改进闭环。

4. 预训练模型应用于政务领域

政务应用的典型用户包括三大类，分别是终端用户、主管领导和工作人员。其中，终端用户比较关心如何快速获取与政务有关的政策、制度与流程，如何便捷地办理各项业务；主管领导比较关心业务的分布情况，业务会如何发展，采取何种措施来满足决策需求；工作人员比较关心如何提高业务审批以及业务办理效率，提高工作效率。

以某政务部门智慧应用为例，技术人员在明确业务场景、与用户充分沟通的基础上，从多个维度对用户需求进行梳理，全方位了解用户需求，随后引入通用的NLP技术，与预训练模型技术相结合，根据行业数据创建模型，推动模型快速落地应用。

该政务部门开发的这款应用需要涵盖文献检索与推荐、摘要、纠错、分类、查重、筛查、落实承办部门、综述等多项智慧化服务，进而不仅可以带给终端用户更优质的政务服务体验，也可以减轻工作人员的负担，辅助领导做出科学决策。

总而言之，预训练模型在行业的落地应用要对业务理解、应用规划、技术开发、行业部署等内容进行综合考虑，积极引入先进技术，沉淀行业数据，积累行业实践应用经验，推动政务服务向着数字化、智能化的方向发展。

四、"AI+ 智慧政务"的思考与对策

根据《中华人民共和国国民经济和社会发展第十四个五年规划和2035年

远景目标纲要》，智慧政务是一个极为重要的数字化应用场景，需要各级政府"推进政务服务一网通办，推广应用电子证照、电子合同、电子签章、电子发票、电子档案，健全政务服务评价体系"。

随着人工智能等技术的发展，政务服务智能化、数字化转型速度越来越快。智慧政务能够利用人工智能技术为各个政务场景赋能，对政务服务流程进行重构，打造便民的政务服务，并辅助决策。对内，智慧政务建设可以切实提高办公效率；对外，智慧政务建设可以切实提高服务质量。

近年来，为了响应党中央的号召，各地政府都在积极建设12345政务服务便民热线。智能交互技术可以为12345等政务服务热线赋能，提高政务热线的接听效率，促使政务热线服务实现智能化转型与升级。

人工智能在该项目中的应用，可以让12345政务服务便民热线实现快速响应、7x24小时全天候服务。而且，相关企业与机构可以在此基础上开发出智能外呼、呼入和多种类型的政务服务机器人，各地政府能够通过积极探索推出不同类型的智能服务热线应用，大幅提升智能服务热点的接通率、问题答复的准确率以及来电用户的满意度。

虽然智慧热线政务服务的优点很多，但应用过程也面临着很多挑战，这种挑战映射到智能客服领域，反映出智能客服在落地应用过程中面临的诸多问题，比如：应用场景比较复杂、系统研发成本比较高、智能客户与行业联系紧密、行业知识库不完善、迁移技术不成熟、多种模型算法集成和工程化的成本比较高且难度比较大等。

具体来看，人工智能在电子政务公共服务领域应用面临的问题主要表现在以下几个方面：

- 数据问题：在大数据时代，数据已经成为重要资产。虽然我国的政务数据规模大、类型多，但"数据孤岛"现象比较严重，无法实现共享，在合法合规应用方面还有许多问题需要解决。

- 场景问题：人工智能在政务领域的应用场景比较多且比较复杂，算法模型复制应用的难度比较大。为了对算法模型进行复制应用，必须在保证应用安全与应用效果的前提下选择合适的落地场景。
- 伦理问题：人工智能在政务领域的广泛应用可能引发社会伦理、数据安全等问题，引发一系列热点事件。所以，人工智能在政务领域的应用要谨慎。

为了促使人工智能在政务领域深入应用，要从技术、应用、保障措施三个方面进行综合考虑，具体分析如下。

（1）技术方面

在技术层面，我国庞大的政务应用市场需求将带动技术创新，推动数字孪生、智慧政务、机器人流程自动化等技术快速发展。人工智能在12345热线领域的应用可以推动智能客服领域的关键技术取得重大突破，催生一系列智能热线解决方案。

（2）应用方面

在应用层面，我国政府机构要加大对智慧政务服务的宣传，推动智慧政务服务落地，对各类政务信息进行整合，对公共需求做出精准预测，改变被动的服务模式，向主动服务转型，打造服务型政府。例如人工智能在12345热线领域的应用，要形成"智能辅助、智能协同和智能替代"的热线智能化路线，切实提高服务效率。

（3）保障措施方面

在保障措施方面，我国政府机构要借助人工智能技术打造一个包容的政务智能发展空间，加强对敏感领域的管控，推动人工智能在政务服务领域深入应用，通过场景大赛、案例推广等方式推动智慧政务不断创新。

第 13 章
区块链 + 政务：
数字政务模式的创新

一、"区块链 + 政务"的应用优势

大数据、云计算、人工智能等技术的发展，给各个领域和行业带来了新的增长动力。以区块链为例，去中心化和数据难以篡改等技术特性使其与医疗、金融、政务等领域具有天然的契合度。

具体来说，区块链在政务服务领域的应用具有以下优势，如图 13-1 所示。

图 13-1 "区块链 + 政务"的应用优势

1. 打通"数据孤岛"

区块链上的各主体分别拥有庞大的数据库，借助点对点的分布式记账技术、非对称加密算法、共识机制、智能合约等多种技术，能够在各主体之间编织互联互通的数据网，建立强大的信任网络。利用区块链技术赋能政务工作，

可以促进政务数据共享，推进区块链各方业务协同，从根源上推动政务信息化改革。

实践中，各政府部门在数据共享过程中，能够通过区块链技术打造自身的节点，实现数据确权、个性化安全加密以及控制信息计算等工作。一方面，区块链具备"去信任化"特点，能够授权原有部门数据共享，打造各部门间业务协同链条；另一方面，当参与各方需要彼此的数据进行相关计算时，可以借助安全多方计算技术来实现，这项技术无须各政府部门对外提供原始数据，可以有效保护各方的隐私安全。

不同部门、不同地区、不同阶层的海量数据是政务工作的基础，将区块链技术与多方安全计算技术相结合，能够有效实现数据维护和利用，提升业务办理效率，深化"最多跑一次"改革，实现政务一站式服务，推动政务服务流程优化，提升政务部门的服务水平。

2. 明晰数据权责

区块链技术基于独有的去信任化特征，能够在各部门间创建共识机制，夯实信任基础，这不仅能确保各部门间的数据隐私安全，而且可以有效实现各部门数据的授权共享与业务协同，从而深度推进政务工作信息化改革。

同时，数据流通过程中的可信追溯也可以通过区块链技术实现，有效界定并保障政务数据的归属权、管理权和使用权。将区块链技术与公私钥体系相结合，能够实现随政务数据的产生便实时确定其归属权和管理权，保障政务数据的安全性及专利性，并在后续的使用过程中明晰其使用权，为数据共享与业务协同提供权限支持。

此外，一旦发生数据泄漏事故，后果将不堪设想。区块链能够全面捕捉政务数据在授权共享与业务协同过程中的流转与使用情况，结合其不可篡改与追本溯源的优势，为追查破获此类事故提供强有力的证据，持续强化政务数据共享授权机制的可监管性与可追溯性。

3. 强化数据监管

区块链技术利用点对点的分布式记账技术、时间戳技术及哈希指针，可以赋予上链的数据无法篡改与追本溯源的特征。

在城市治理的应用场景中，区块链结合物联网技术，能够在城市数据的授权共享与业务协同过程中充分发挥优势，实时留存数据使用情况，同时弥补数据监管不到位的缺陷，构建城市数据全面覆盖的监管机制，为后续解决各类数据问题提供保障，提高城市监管效率，提升政府公信力。比如，将区块链技术应用于政府重大投资项目的建设中，可以保证链上全流程数据的可靠性与可溯源性，实现项目的有效监管和约束。

此外，打造良性区块链生态能够推动各部门协同发展，并将企业与相关监管机构等纳入其中，依托其优势实现数据全面监管，推动数据科学决策，打造商业运行的优化闭环。以税务举例，将税务机关、纳税人、开票企业及报销企业纳入区块链网络，可以实现税务数据的可追溯性，在简化报销流程的同时有效防止偷税漏税问题，推动税务局与相关监管机构高效协同，保证国家财政的安全。

4. 加快政务信息化进程

随着全球数字化进程加快，以政务数据为支撑，推动建设现代化国家治理体系与治理能力刻不容缓。根据《政务信息资源共享管理暂行办法》，政务数据分为无条件共享、有条件共享、不予共享等三种类型，唯有深度理解数据隐私与安全共享，才能有效实现政务信息化。

2021年12月，国家发展改革委印发的《"十四五"推进国家政务信息化规划》强调，深度开发利用政务大数据、发展壮大融合创新大平台、统筹建设协同治理大系统是现阶段的主要任务，也是推动智慧政府建设的重要步骤。

推动政务信息化建设，需要完善的政务数据信息资源目录体系及政务数据分类共享体系的支撑，需要区块链技术与公私钥保密体系及智能合约技术相结合，进而为不同类型的数据赋予权限和职能，保障数据安全，规范数据共享与协同流程，提升政务信息系统运行的安全性与可靠性，加快政务信息化建设的进程。

二、"区块链+政务"的应用场景

在政务领域，区块链技术主要应用于数据共享、电子证照、电子票据、业务协作、司法存证、资金监管和数字身份等场景当中，如图13-2所示。

图13-2　"区块链+政务"的应用场景

1. 数据共享

数据通常具有价值高、复制成本低、易泄漏等特点，且数据泄漏行为的追溯难度较高，因此数据难以实现资产化，数据安全和数据确权等问题也严重限制了数据共享。区块链具有数据难篡改和去中心化的特点，能够以分布式存储的方式对数据共享活动进行全方位、全流程监控，明确划分各个机构的数据主权和权责范围，并对隐私侵权行为进行追溯，进而充分确保数据的安全性、可靠性和真实性，同时也能构建高度可信的数据共享平台，为数据共享提供强有力的保障。

以区块链为技术基础的安全多方计算模型能够对数据库中的数据实现共享，充分保障数据安全。区块链技术在政务领域的应用能够为政务数据共享和政企数据互联提供支持,并促进各项数据充分发挥潜在价值,为政府各部门、各层级之间的数据交流和业务协作提供强有力的支持,同时政府也可以借助区块链技术构建高度可信的数据共享体系,并在此基础上进一步完善业务流程,减少在流程维护等方面的成本支出,提高各部门的业务协作效率。

2. 电子证照

以区块链为技术基础的电子证照是各项业务实现线上办理的基础。具体来说,纸质的文件、证照等材料具有保存困难的缺点,且不便于在业务流程的各个环节之间进行传递和查阅,政府相关部门在使用纸质证照的情况下也难以有效简化业务流程,导致政府工作人员和办事市民在办理业务时都需要花费大量时间和精力。

区块链具有多方维护和实时共享的优势,政府部门可以使用基于区块链技术的电子证照库来存储各个颁证机构颁发的电子证照,这不仅有助于电子证照的统一管理,也能够为相关人员线上取用电子证照提供方便。

3. 电子票据

纸质票据和电子票据均具有保存难度大、验证手续烦琐、易出现二次报销的情况等缺陷,而区块链具有去中心化、数据难篡改、全程留痕、可追溯、公开透明等特点,能够确保存储数据的真实性、安全性和可靠性,因此政府各部门可以将票据生成、票据存储、票据流转等信息以及数据在整个业务流程中的变化情况全部存储到区块链当中,并交由各个相应的开票机构加盖电子签章。

这种加密存储于区块链中的电子票据具有真实性、完整性和不可篡改的特点,且应用了授信访问模式,能够在保护票据持有人的隐私安全的前提下支持相关部门实时查看和追溯票据信息,票据信息可以在不同的业务场景中安全流转,为票据的使用者带来方便,同时这种票据的使用也能够简化票据开具和票据审计等工作,减少相关工作人员的工作量。

4. 业务协作

一般来说，大部分政务需要在办事者的主导下由多个部门互相协作、共同处理，因此办事者需要到多个部门开具材料并进行材料审批，办事流程具有复杂、烦琐的特点。现阶段，我国政府正积极简化办事流程，加强线上线下联动，并通过网上办事、一窗通办等方式来提高业务办理效率，为办事者提供方便，但在材料审核方面，相关部门仍旧面临审核难度高、审核工作量大等问题。

区块链技术在政府各部门业务系统中的应用能够革新业务模式，破除各部门之间的信息壁垒，构建起一个安全可信、业务互联、数据互通的共享网络，政府部门可以通过该网络交流和共享各项业务信息，简化业务审核流程，提高业务办理效率，优化民众的服务体验。

5. 司法存证

网络具有虚拟性和即时性的特点，无法支持司法部门即时采集电子证据，也难以帮助司法部门对电子证据进行固证和验证。区块链技术具有数据难篡改、不可伪造、全程留痕、可追溯等特征，且具备共识机制、非对称加密等核心技术，因此司法部门将区块链技术用于电子证据的取证、存证、固证和验证工作当中能够充分确保司法证据的全面性、真实性、有效性、安全性和可靠性。

由此可见，区块链技术在司法政务中的应用能够强化司法证据的法律效力，有助于我国司法部门加强对各个电子网站的监管。

6. 资金监管

传统建筑工程行业具有工程分包链条长、分包商融资难等特点，当工程款不足时可能会出现违约转包、权责不清、挪用资金、工期延误、工程欠薪等问题，甚至会导致工程质量下降，造成经济损失和人员伤亡。

我国劳务市场具有规模大、人员多、监管难等特点，我国政府需要借助区块链技术来打通监管部门和银行业务系统之间的壁垒，利用区块链中的核心技术智能合约来实现资金划拨的穿透式支付和全链路监管，并在区块链中存储各项相关数据信息，确保所有数据可追溯、可查证，进而明确工程款项去向，达到强化建筑工程资金监管的目的。

7. 数字身份

数字身份是物理世界中的实体在虚拟世界中的数字化表示，且物理世界中的实体与虚拟世界中的数字身份之间互相绑定。对个体、企业和机构等实体来说，区块链能够为其在虚拟世界中创建数字身份，且各个实体可以利用私钥来验证和确认自身的数字身份信息以及电子证照授权、电子资产支付、电子资产转让等信息，与此同时，数字身份还具有身份标识的作用，能够存储物理世界中实体的相关信息，并结合物联网技术进一步明确物联网设备身份。

三、"区块链+政务"的应用挑战

区块链技术在政务服务领域应用的优势众多，能够适用于多种不同的应用场景，但就目前我国区块链技术的发展程度来看，其应用于政务领域仍然面临多方面的挑战。

1. 数据标准与制度规范待完善

尽管我国很早就开展了政务信息化改革，但由于前期技术受限、经验不足，政务信息化系统的顶层设计存在缺陷，无法有效协同各方的工作，各部门容易出现意见分歧，不利于系统化推进政务数据授权共享、业务协同方面的工作。因此，在区块链政务领域，亟须出台相关政策建立健全统一的数据标准和接口标准，以全面创新推进政务信息化改革。

经过对区块链技术多年的摸索研究，部分地区政府已逐步完成"区块链+

电子政务"模式改造，但由于政府部门都是通过单独对接区块链系统开发商的模式来推进的，而各部门之间、各区块链系统开发商之间、开发商的底层架构与数据结构之间都相互区别，这些无法融合的底层架构及数据结构严重阻碍了各区块链政务信息化系统的协同融合，也就阻碍了统一的数据标准和接口标准的建立，原有"数据孤岛"现象与新"数据孤岛"并存，导致不同地域政务数据的协同共享难以实现，从而无法形成政务大融合的格局。

我国现阶段政务数据方面的法律法规仍非常欠缺，致使政务工作中难以规范化推进数据授权、共享等事项，阻碍了政务工作的信息化改革。虽然近几年许多地方性政府推行了相关政务数据共享开放规定，并进行了相关探索，但从国家层面看，仍然缺乏强有力的法律及制度保障，不利于政务数据协同共享的深入应用。

2. 业务梳理与系统安全难度大

基于我国人口基数大、分布不均衡的国情，在推进政务数据共享和业务协同方面，必然会面临巨大的挑战，不仅需要深度探讨复杂的业务逻辑和具体内容，还要根据各地区不同的人文、地理、政治、经济等方面的因素推进区块链政务应用，具有比较高的难度。

另外，我国基本都是采用闭源的联盟链的方式来建设区块链政务系统的架构，其应用落地的经验缺乏规范化考证，而且在现阶段的区块链生态中，产品的开发与运维体系仍不健全，导致区块链产品尚不成熟。政务服务的服务群体与服务内容非常广，政务信息化系统不容出现瑕疵，否则将会影响政务服务效果，甚至影响国家的安定局面。

3. 资源利用与系统潜力不明朗

利用区块链技术为政务信息化系统赋能，真正实现区块链政务应用落地，需要构建统一的数据结构、数据标准及接口标准，但就现有国情来看，这无疑是一项巨大的挑战。此外，假设区块链政务系统已经建成，但在实际应用中，它能否实现与传统政务系统友好兼容也尚不确定。

另外，区块链系统在研发过程中需要耗费大量的资源，甚至有些特殊应用场景要求单独建设运行环境并购置相应的软硬件以支持其运行，其特殊性无法使用常规组件完成工作，这就导致系统内部资源利用不充分、潜力挖掘不彻底，重复建设现象普遍存在。

四、"区块链+政务"的实践对策

数字经济时代的到来，不仅给人们的生活带来了翻天覆地的变化，更为国家治理体系与治理能力现代化改革带来了机遇。区块链技术在近几年得到不断发展，在推进政务信息化应用中具有广阔的前景。近年来，为顺应我国加快建设"数字中国"与"智慧社会"的趋势，各地区政府陆续建成线上政务服务平台体系，同时借助新一代信息技术不断创新升级、优化迭代，统筹推进政务信息化改革，为实现数字强国战略贡献自己的一份力量。

随着我国数字化进程不断加快，数据资产逐渐得到重视，其价值也在被深入挖掘，因此，我国政务信息化建设过程中的海量政务数据必将成为推动智慧政务建设的强大力量，虽然在之前的"互联网+"时代，其价值并未得到有效发挥，但随着区块链技术的持续发展和深入应用，借助海量的政务数据将会建立起规模化的政务信息化系统，打造数据驱动的现代化政务治理体系，提升现代化治理能力，加快建设中国智慧政府进程。

1. 坚持以人为本

智慧政府建设的终极目标是国家长治久安、人民安居乐业。政务信息化改革作为智慧政府建设的基础性工作，势必要遵循以人民为中心的发展思想，因此需要做到以下几点：

- 广泛听取人民的意见和建议，全面收集人民对政务的需求，结合社会对政务服务的预期，开展区块链政务系统的建设，为人民提供信息化、人性化、高效化的服务体验；
- 持续推进信息普惠，开展数字化技能培训项目，重点关注数字技能弱势群体，全面提升公民的信息素养，促使数字化惠及每位公民，建设公民、社会、国家步伐一致的智慧社会；
- 拓宽政务服务渠道，随时随地为公众提供服务，充分利用5G、大数据、物联网等新一代信息技术，构建线上线下一体化的政务服务体系，促进政务服务朝向智能化、个性化和移动化方向发展，深入贯彻落实"最多跑一次"改革，实现政务服务高效运作。

2. 强化顶层设计

在传统的政务信息化建设中，由于缺乏统一的数据标准及接口标准，"数据孤岛"现象屡见不鲜，这在一定程度上阻碍了政务信息化进程。为化解这一难题，国家深入贯彻"放管服"改革，并持续推广"互联网+政务服务"建设，为响应号召，各省级政府纷纷建设数据管理机构，以推进政务数据的共享交换与业务协同。

借鉴传统政务信息化建设的经验和教训，区块链政务应用需要强化顶层设计，科学有序地推进区块链政务信息化建设。现阶段，我国区块链政务应用落地主要面临的挑战是新"数据孤岛"难以打通，新"数据孤岛"不同于传统的"数据孤岛"，它的产生是由于各地政府采用的区块链系统在底层架构和数据结构方面各不相同，这对于技术、组织、决策等有着更高更严苛的要求，因此，科学合理的顶层设计是推动区块链政务应用落地的不二法门。

另外，要想真正成为社会发展与创新的主导者，就必须要拥有自主知识产权的核心技术，以提升核心竞争力，推动社会创新，而"产学研用"恰好是催生核心技术的有效途径。因此，国家应当倡导"产学研用"，鼓励技术研发，从区块链技术入手，着手推进核心技术创新和研发，推动区块链技术与产业的协同创新。

国内层面,创建科学的顶层设计并持续优化,以"产学研用"为驱动,持续为政务信息化赋能,从根源上打造现代化治理体系和治理能力;国际层面,大力发展经济科技,提升自身的国际实力和国际地位,提升国际话语权,扩大我国"智慧政府"在国际上的影响力。

3. 完善制度法规

推动区块链政务应用落地,除需要积极发展核心技术外,还应当拥有完善的制度法规作为支撑。区块链技术的特殊之处在于能够依托其去信任化的特征,将互不熟悉的参与各方连接到一起,实现政务数据的授权共享与业务协同,并且为其提供数据不可篡改与可溯源的功能。

因此,立法前期可以首先选取一部分重点地区进行试点,这样既可以客观反映政务数据共享与业务协同过程中可能出现的问题,及时做出优化调整;又可以为立法提供参考,使相关法制"有据可依"。此外,立法阶段应结合我国国情,推出大众认可的制度法规,使政务数据协同共享"有法可依",驱动区块链政务应用落地。而且,完善的法规制度还能约束政务职权,造福人民。

4. 挖掘数据价值

生产生活过程中会产生海量的数据,在如今的数字时代,这些数据将是一笔不菲的财富,区块链等现代化技术将其作为生产要素投入生产过程,最大程度挖掘和发挥其价值。

一方面,区块链技术借助其去信任化的优势,打破海量政务数据间的壁垒,实现"数据孤岛"彼此间的互联互通,推动政务数据授权共享、业务协同,优化调整宏观治理政策,打造人性化、智能化、便捷化、高效化的政务服务体验。同时,区块链技术能够实现政务数据与社会数据协同融合,提升政府治理水平，有效推动建设跨领域、跨地区、跨部门、跨层级的市场监管与服务体系，打通彼此间的数据链接，打造高效运转的政务服务格局，健全市场机制。

另一方面，区块链技术依托其链上数据无法篡改及可溯源的特征，能够最大程度保障各方权益。依据链上数据能够优化创新政务服务业态，提升治理能力和效率，切实推动区块链政务应用落地。

第 14 章
云计算 + 政务：
政务云平台建设实践

一、云计算在电子政务中的应用优势

随着智慧政务建设逐步深化，线上政务工作模式得到进一步扩展，电子政务云平台也日益成为开展政务工作不可或缺的载体。以云计算技术为核心，以现代化新技术为辅佐，创建并完善电子政务云平台是当前一大要务。

1. 我国政务云的发展历程与现状

2006年3月，国家信息化领导小组发布《国家电子政务总体框架》；同年5月，中共中央、国务院印发《2006—2020国家信息化发展战略》；2008年3月，国务院颁布《中华人民共和国政府信息公开条例》，并于2019年再次修订该条例。随着政府出台越来越多的政策文件予以支持以及全社会宽带覆盖率的持续增长，我国电子政务网络建设有了明显成效。而未来国家信息化发展和电子政务信息化建设也需要云计算技术的支持。

2010年10月18日，发改委和工信部联合发布的《关于做好云计算服务创新发展试点示范工作的通知》中提出"在北京、上海、深圳、杭州、无锡等五个城市先行开展云计算服务创新发展试点示范工作"。此后，北京、上海等城市高度重视云计算在电子政务领域的应用；北京、上海、成都陆续进行"云基地"建设，继续创新"政务云"的建设模式。

我国目前的政务云建设模式就是基于网络建设，并根据业务来整合某一细分行业的云计算应用平台，最终建立云平台。

上海市的"健康云"平台是对居民健康档案进行动态管理和应用，并整合闸北区 22 家公立医疗卫生机构、9 个社区卫生服务中心和部分区属二级综合性医院的医疗卫生资源为居民提供健康服务的区域共享服务平台，在整合医疗资源的同时也利用云计算 SaaS 方式辅助闸北区的各个医院进行医院管理和居民健康档案管理。

2022 年 10 月 28 日，国务院办公厅发布的《全国一体化政务大数据体系建设指南的通知》显示，我国的云基础设施已经基本建成，超过 70% 的地级市建设了政务云平台，政务信息系统逐步迁移上云，初步形成了集约化的建设格局。

2. 政务云平台的应用优势

云计算技术是将自身海量数据资源进行复杂的分布式运算，依据数据处理结果可以进行各项决策的制定和优化。狭义上讲，云计算是一种提供资源的网络，用户可以根据自身的需求借助网络连接获取相应的资源。广义上讲，云计算技术是与人工智能、大数据等新一代信息技术地位持平的新型技术，是能实现信息技术与软件、网络等互联互通的服务。且云计算具有虚拟化、动态可扩展、按需部署、灵活可靠等特征，在政务领域的应用能带动智慧政务的可持续发展。

具体来说，云计算在政务领域的应用具有以下几个方面的优势：

① 以云平台为载体开展财政控制工作，推动各类电子设备设施协同运转，从而一方面提升财政管理效率，保障财政安全；另一方面刺激财政业务新模式的萌生和发展，充分发挥新技术优势，完善财政生态，推动财政进一步增长。

② 用云计算等各类信息技术为系统运行赋能，能够有效避免因部分网络设备出现故障而影响整体工作进度的情况，大幅提升政务工作处理的效率，同时降低网络系统的运维压力。此外，利用高速的网络传输功能，能够实现系统

任务的实时部署，提升服务水平和效率。

③ 云计算技术推动电子政务平台不断向信息化建设相对落后的地区延伸，为其带来良好的政务服务设备和网络资源，同时能及时反馈这类地区的问题及需求，不断推动政策优化，出台相应的针对性政策，充分发挥电子政务平台的优势，推动信息化建设均衡发展。

二、政务云平台的总体架构与设计要点

政务云平台不仅能高效发挥政府职能、提升政务服务水准，而且可以实现政务数据互联互通，提升服务资源配置效率，推动政务服务模式创新，全面促进政务信息化建设。政务云平台的总体架构主要包括基础设施层、数据资源层、平台服务层以及信息安全管理层，如图14-1所示。

图14-1 政务云平台的总体架构

1. 基础设施层

（1）服务器虚拟化

服务器虚拟化也叫网络虚拟架构，是指运用抽象分离技术将物理计算机的软件环境分割成独立的分区，再根据需求建立每个分区的虚拟计算机以进行数据处理。将服务器虚拟化运用于政务网络基础设施建设，可以实现海量政务数据的云端储存及处理，同时，允许每台物理计算机同时与多台虚拟计算机互联

互通，不仅能够大幅提升数据处理效率和政务工作效率，而且能够实现各个政务部门的数据共享，推动各部门协同工作。

此外，服务器虚拟化也能实现数据资源的实时备份，为电子政务工作运行提供坚实保障，让数据资源有迹可循，同时推动资源优化配置，充分释放各类资源的价值，降低政务工作处理成本，提升政务工作效率。

（2）交换机虚拟化

交换机虚拟化是指将多台交换机通过链路堆叠形成堆叠系统的技术，它可以防止因某个核心设备出现故障而引起整个网络中断甚至瘫痪的情况，具有扩展接口数量、拓宽带宽、分担负荷、提升可靠性的优势。将交换机虚拟化运用于电子政务云平台建设，能够实现多台设备的组合管理，简化网络架构设计，构建一个网络结构新模式，既能保证各项电子设备的灵活高效运转，又能实现网络资源的优化配置，推动政务信息化建设高效运行。

2. 数据资源层

数据资源是政务信息化建设的基础，利用云计算技术能够推动数据资源在电子政务云平台中发挥其最大价值，强化电子政务云平台的数据服务交付能力，并借助集群效应实现各类存储设备数据的整合，提升数据存储和访问的效率。

在电子政务云平台中，将政务工作涉及的人口、教育、就业、医疗、环境等数据信息进行整合，能够创建并完善相应的数据库。同时，依据政务部门数据，科学规划高性能数据库集群分区，并允许数据库共享，能够强化系统工作的基础，简化各级政府的政务工作。在创建数据资源层时，分布式存储法最为常见，它是将一份数据进行多重备份，围绕存储设备建立网络设备、存储设备及服务器的集成系统，配备相应的应用软件，可以让用户随时访问和应用数据。

3. 平台服务层

借助云计算技术能够创建并完善平台服务系统，该系统可以作为新服务体系或应用开发、测试、运行的载体，从而推进政务服务的优化升级。

凭借平台服务层的服务访问功能，可以开发或组建相关硬件资源，开拓具备独立自服务门户（Self-Service Portal）的虚拟数据平台。用户在使用过程中，可以根据自身需求实现对相关应用系统的自定义处理，为用户访问配备虚拟机，提升平台服务系统的性能。

4. 信息安全管理层

构建电子政务平台必须遵循信息安全原则，才能进一步推动云计算技术应用的发展。政务工作的开展对于信息安全的要求极为严苛，因此，需要围绕技术安全与管理安全两个维度构建电子政务平台，并不断优化完善系统平台的功能。

（1）技术安全方面

可以采用安全模块设计方案，即利用一台安全模块实现整个安全区域的统一防护，通常有"多虚一"和"一虚多"两种安全虚拟化技术。其中，"多虚一"是将小型分散的安全防护资源进行整合汇聚，对一个大型网络设备进行安全防护；"一虚多"是将大型安全防护资源进行分割，分别为网络节点上的各类设备提供安全防护。

（2）管理安全方面

在电子政务云平台的创建、调整、测评、运维等各个环节，需要深入贯彻安全理念和安全意识，全面提升平台全生命周期运行的安全性。

在构建电子政务平台的过程中，应该充分发挥云计算技术带来的红利，推动各部门政务数据的协同共享，实现数据资源的优化配置。同时，还要制定科学的顶层设计方案，明晰平台建设的构建要点，全面实现电子政务工作的智能化、安全化、高效化运转。

三、政务云平台模式构建与机制建设

近年来,智慧政务云平台在共享政务信息、优化资源配置、建设集约化电子政务、创新政府服务方式等方面发挥的作用越来越重要。为推动智慧政务云平台的建设与应用,国家先后相继出台了多个重要文件和措施。然而,政务服务平台数据闭塞、线上线下联通不畅、政务服务不到位等问题仍时常存在。

要增强网上政务服务水平、推动智慧政务云平台建设与应用,就必须对传统政务平台进行优化与升级,彻底解决平台建设中的各种问题。当前,传统政务平台建设面临的问题主要包括:在进行大量访问工作时,系统响应速度慢、负载能力弱以及容易受各种因素的干扰;数据资源尚未实现最大共享与整合,无法实现对海量政务数据的系统管理;现有的技术架构已无法满足跨平台、跨网络和跨部门应用;系统的移动化升级速度慢,内部系统很难实现与"一体化互联网+政务服务平台"的有效衔接。

智慧政务云平台需要以智慧大数据中心为支撑,以公众、居民和企业为服务对象,充分将各种资源进行整合与共享,对内、对外实行整体一站式管理和服务,致力于打造一个科学化、智慧化的政务体系。

1. 智慧政务云平台的主要内容

基于云计算技术,通过充分整合、挖掘地理空间信息资源以及全力打造便捷高效的政务服务体系,能够逐步构建行政权力库、企业信息库、项目信息库、电子证照库和地理空间库,并加以充分利用。政务云平台数据库的主要内容如表14-1所示。

表14-1 政务云平台数据库的主要内容

数据库	主要内容
行政权力库	通过梳理地区行政权力事项,明确行政权力的运行、公开监督、监察等内容,形成统一的行政权力规范和标准

续表

数据库	主要内容
企业信息库	建立健全包括行政权力相对人的基本信息、资质信息、办件履历、诚信信息在内的信息库
项目信息库	依托行政审批系统,以项目为主线,全面整合政务服务信息与资料库
电子证照库	依托政务中心电子证照库,按照标准分类,整合各部门行政审批与行政服务电子证照库,实现各部门电子证照跨部门查询、共享
地理空间库	以地理空间框架为基础,集成不同比例尺的地形图、卫星影像、地下管线等地理空间信息,整合规划编制、人口等信息资源

具体来说,智慧政务云平台主要包括行政审批平台子系统、公众服务平台子系统、"一张图"子系统、移动应用平台子系统、综合监管平台子系统、决策支持平台子系统等,下面我们进行具体分析。

(1)行政审批平台子系统

行政审批平台子系统主要涉及三大子系统,即行政审批系统、大厅智能管理系统和政务服务事项管理系统,这三大子系统都需要以统一的行政审批平台框架为支撑。

(2)公众服务平台子系统

作为一种面向用户的公众服务平台,公众服务平台子系统以"统一服务流程、统一进度查询、统一身份认证、统一办事入口、统一结果反馈"为建设总目标,依托互联网创新思维模式,借助微博、抖音、微信等新媒体应用,提供网上咨询、网上预约、网上公开、网上评价、网上投诉、自助式申报等一体化服务,致力于打造一个对外的智能政务服务平台。

(3)"一张图"子系统

"一张图"子系统是指在城市地理空间框架的基础上,为开发区规划与建设管理构建"一张图"。为有效把控规划、管理与建设的相关情况,推进项目整体的建设力度，政务部门需要将航空影像、政务电子地图等基础地理信息与土地利用总体规划、道路规划、生态控制线等各类规划信息进行有效整合，将其作为地区的重点建设项目信息。

（4）移动应用平台子系统

移动应用平台子系统涵盖移动办公系统和移动政务系统。移动办公系统能够以移动、灵活的方式签批公文和业务，也能有效实现开发与行政审批系统的互联互通，增强各级管理人员的移动信息服务体验；移动政务系统以社会公众为服务对象，能够实现公众服务模式的升级，具备预约申请、信息查询、政务服务信息推送等功能。

（5）综合监管平台子系统

综合监管平台子系统依托现代信息技术，运用实时监控、量化考核、动态预警、全程监察等手段对行政审批事项的各个环节及全过程进行统一优化决策，以规范政府政务行为，保障权力运作在阳光下进行。

（6）决策支持平台子系统

决策支持平台子系统基于数据挖掘、商业智能技术，利用多维联动、图文一体等决策手段，在城市地理信息公共平台的基础上，实现对开发区各项政务管理统计数据及行政审批与服务信息的有效分析、整合，有助于做出科学、合理的宏观决策。

（7）与现有系统对接

与现有系统对接是指智慧政务基础平台分别与地区统一行政审批系统以及开发区人事管理、档案管理信息系统的对接，前者致力于在市区行政审批之间形成有效联动，后者则致力于打造统一平台、配置数据库中的各类综合应用。

2. 标准化及机制建设

（1）政务服务事项标准规范梳理

政务服务事项标准规范梳理主要体现为两方面，一方面是对政务服务办理流程和事项信息进行管理和规范，另一方面则对上报材料、申请条件、申请信息等行政审批中的环节信息进行的规范和梳理。

（2）数据交换与信息共享标准规范

数据交换标准规范是指行政审批服务平台数据与信息描述方式、传输方式、交换模型、交换格式、传输交换过程等之间交换的规范。信息共享标准规范是指对诸如数据集成模式、应用集成方法、流程协同、管理监控等在内的智慧政务应用层数据形成标准。

（3）系统应用及绩效考评管理机制

电子政务的转型与升级、信息化系统的深化与应用需要以系统应用与维护的相关管理规定以及合理标准的应用评价与考核体系作为支撑。

第五部分

数字企业篇

第15章
战略规划：企业数字化转型实施路径

一、战略体系：构建数字化转型框架

企业的战略体系决定企业的生存和发展，其中，数字化转型战略至关重要。数字化转型战略与企业的其他战略有所区别，企业的数字化转型进程能够让企业现有的战略目标得到升华。此外，数字化转型战略能够将企业当前的战略目标融入"转型"的总体目标中，这是因为数字化转型可以渗透到企业的几乎所有方面，进而推动企业整体战略目标的达成。

作为一种新型的战略体系，总体战略和分战略构成了数字化转型战略体系。其中，企业的愿景使命、定位目标、商业模式、盈利模式等构成了数字化转型的总体战略，而企业内部的组织、业务、客户、网络、数据、智能、知识、技术、人才和增长这十个重要元素构成数字化转型的分战略。

那么，企业数字化转型的这两部分战略构成具体是怎样的？总体战略需要顾全企业的大局、关系企业未来的发展、能够确立企业的发展方向和总体目标，因此，总体战略可以称为企业数字化转型成功的基石。随着新兴产业和技术的快速发展，新型的商业模式、业务模式、管理模式以及数字化转型的愿景使命和目标等都成为数字化转型总体战略的重要组成部分。而企业数字化转型的分战略需要包括十项内容，企业数字化转型战略体系如图15-1所示。

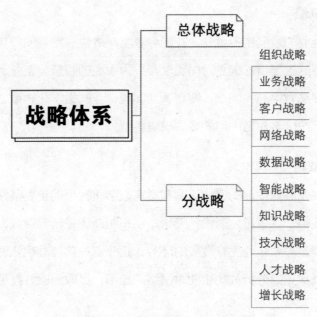

图 15-1 企业数字化转型战略体系

1. 组织战略

企业要顺利实现数字化转型,一个关键性的保障就是组织变革,因此,企业需要格外重视数字化转型的组织战略。同时,也需要加强对一些前沿的企业、组织和团队的构成和发展模式进行研究,以此确定好组织转型的总体目标、对应方针和具体内容,让组织变革的任务细化分层,逐步渗透到各个领域,提升组织内部的积极性,推动组织变革的创新进程。

2. 业务战略

从本质上讲,数字化转型等同于业务转型。企业在决定转型前,可以借鉴行业内前沿企业或已经成功转型的企业的经验,取其精华,并根据企业自身的业务体系制定出一套适合自己发展和扩大的业务战略,调整企业业务、改变业务流程和创新业务模式,从而实现企业的数字化转型。

3. 客户战略

客户与企业的发展密不可分，在如今数字经济快速发展的趋势下，企业应将数字化转型的主要目标确立为构建以客户为中心的智慧化企业。传统的企业战略无不以产品为中心，因此，要想顺利实现企业的数字化转型，就需要企业转变旧思想，向以客户为中心的客户战略转型。

4. 网络战略

身处互联网高速发展的时代，顺利实现数字化转型的重要条件之一是制定良好的网络战略。在信息化时代，无论是生产制造还是运营管理，抑或是市场营销等，只要是关系企业生存发展的环节，企业首先都应准确认识各环节的网络融合度，其次正确分析成功企业对网络的运用，汲取经验并打造顺应时代的网络战略。

5. 数据战略

数据是一种可以直观地体现企业数字化转型进程的要素，企业应当将其视为核心的生产要素，这也标志着在数字化转型的推动下，企业的生产方式需要发生变革。

通常情况下，业内前沿企业会提供丰富的数据支撑，在数据前期的采集、治理、建模、分析以及后期的应用、增值等方面均拥有参考性较强的经验，而这些经验也正是转型企业所需的，此时，企业有必要将数据战略定位为核心战略。

6. 智能战略

AI技术俨然已经融入不计其数的传统产业，并推动了企业的创新与发展。因此，从这个角度来看，高效融入AI的企业有望统领未来产业的发展。在此情势之下，布局人工智能战略已然迫在眉睫，企业应顺势而为，积极引进各类业务机器人，加快传统业务体系的智能化改造，将AI技术渗透到各相关业务环节,建立起符合时代潮流的智能发展战略。

7. 知识战略

丰富的业务知识是企业长足发展的核心动力,业务知识储备可以帮助企业降低发展成本、提高业务质量和效率,是企业不可或缺的宝贵资源。因此,企业需要认真梳理研发、设计、产品、客户、售后以及规章制度、合约、方案和财务等各个领域的知识,并结合自身资源和发展情况,把握时机,建立健全知识战略体系。

8. 技术战略

在企业数字化转型的进程中,技术能够作为核心驱动力在企业管理、数字技术应用、技术体系构建等方面发挥举足轻重的作用。

企业必须有前瞻性目光,识别当下已有的先进数字技术,例如互联网、大数据、区块链、物联网、人工智能、5G和云计算等,并且能够在技术管理应用体系中做到主动、正确且熟练地运用这些数字技术,让企业的技术体系融入自研驱动、采购辅助、SaaS融合、技术顾问、外包协同等因素,让新兴技术引领企业的发展。

9. 增长战略

数字化转型中产生的价值增值需要有一个指标来衡量,这个指标就是增长。增长是企业永恒的主题,也是商业的本质,企业必须要有明确的总体增长目标和分部门及业务线条的增长目标。为此,企业可以顺应时代变化建立首席增长官制度,推进数字化转型的增长战略与其他战略相互贯穿融合,打造全面系统化的数字化转型战略。

二、路径规划:战略实施的五个步骤

将企业数字化转型的理论付诸实践,需要做好切实可行的计划,这种企业依据自身的定位、愿景和目标等而制定的方案，我们称之为战略实施方案。在真正投入实践时，选择具有可操作性的战略路径也是至关重要的步骤，因此，企业必须正确审视自身的资源和战略目标，对于资金、人才和技术等重要资源，要确保有效且可控，方能保证数字化转型战略顺利实施。

制定战略路径是实现总体目标的重要步骤，在此过程中，需要对企业转型中所需的资源、自身的条件以及路径的规划有正确的认识，并对投入的资源和潜在的风险进行分析和评估。从制订计划到付诸实践，战略路径其实是一个动态的管理闭环，"战略行动路线图"或者"战略实施计划表"是它具体的表达形式。这个管理闭环由以下五个步骤组成，如图15-2所示。

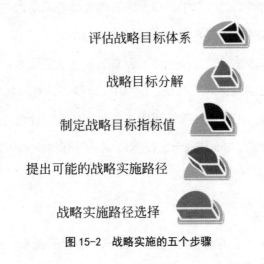

图15-2 战略实施的五个步骤

1. 评估战略目标体系

SMART原则是战略目标体系需要遵循的主要原则，具体指的是：

- 明确性原则（Specific）：指目标应清晰明确，切忌模棱两可；
- 可衡量性原则（Measurable）：指目标要可量化，便于评估；
- 可获取性原则（Attainable）：指目标能够科学分析企业内外部的资源和环境，且目标具有可行性与可达性；

- 相关性原则（Relevant）：指目标与企业的愿景和使命具有一致性；
- 时效性原则（Time-bound）：指目标具有明确的截止期限。

2. 战略目标分解

将战略目标进行拆解、了解有哪些主要途径可以实现战略目标，会更易实现战略目标。比如：

- 组织形态应如何构建？
- 组织变革的成效应怎样衡量？
- 怎样的技术管理和应用体系是企业需要的？
- 技术团队应外包还是自建？

这些划分细致的目标更利于总体目标的实现。

3. 制定战略目标指标值

企业要想明晰战略目标实施的成效，并准确对实施过程进行监督和管控，一个很重要也很直观的要素就是指标数值，企业可以将战略目标拆分成每个板块需要达成的指标。举例来说，企业数字化系统的开发，就可以由底线值、基准值和挑战值三个数值目标来衡量，根据各自的完成度来考核相应的工作成效。

4. 提出可能的战略实施路径

企业可以将战略目标进行拆分，相应的会得到不同的战略路径。比如，鱼骨图能够准确且直观地阐明各个战略目标的实现情况，设计步骤如下：

- 明晰战略目标：利用平衡计分卡明确战略目标；
- 进行动因分解：逐层分解战略目标实现的动因；
- 罗列可能路径：对所有可能的战略实施路径进行罗列，做好战略实施路径规划。

5. 战略实施路径选择

企业需要预测和分析战略实施路径，可以利用德尔菲法来进行路径的选取，具体包含以下四个步骤：

① 公司内部的中高层管理人员需要对得到的各种可能的路径进行预测评估并做出选择，必要时也可以聘请外部专家帮助分析，评价每个路径的实施难度，对目标达成的作用和实施风险进行分析，然后做出选择。

② 了解实施难度，即路径实施过程中可能需要的资源投入和遇到的阻碍等。

③ 明确目标达成的作用，即所选路径会对实现战略目标产生的积极影响。

④ 分析实施风险，主要包括最终结果的各种可能性和相应的后果。

此外，企业还需要对实施路径的行动要点进行细化分解，突出战略目标和预期效果，正确分析路径实施过程中所需的资源，届时便可以更好地选出实施的路径。

路径选定之后，企业还需要认真分析路径实施的核心思想和对应计划，具体需从以下三个方面考虑：

- 做到什么结果：明确战略目标和预期效果；
- 需要什么资源：明确战略路径实施过程中所需要的人才、资金等资源；
- 通过什么途径实现：明确选择何种途径来实现战略路径，是内部自建还是战略外包等，这里可以采用"企业内部能力和外部能力独特性"的模型来分析和决定战略实施方案。

三、战略解码：描述清晰的转型目标

战略解码是通过管理团队集体共创的方式对公司战略进行澄清诠释，帮助公司明晰路径、分解任务，将公司的战略规划转化为一线员工能够理解的语言和行动指南。在企业的数字化转型中，战略解码也就是将理论付诸实践。它不仅是一种工具,也是一种行之有效的工作方法。

首先,高层团队与骨干员工集体研讨,就公司的愿景、使命、目标和战略路径等达成一致;然后,管理层利用通俗易懂的语言向普通员工传递信息,促使各级员工形成阶段性的、具体的、明确的目标和行动方案。

在企业数字化转型过程中,战略解码就是明确战略目标和战略路径,并实现战略目标的过程。企业进行战略解码时可以遵循的原则如图15-3所示。

图 15-3　战略解码需遵循的原则

(1)垂直一致性原则

在企业数字化转型进程中,基于公司制定的转型战略和业务目标,需要企业顶端到企业基层逐层拆解,确保纵向承接的一致性。

(2)水平一致性原则

将企业端到端流程作为支撑业务流程的基石,在各个部门之间建立责任纽带,促使所有部门协同作战,确保企业内部行动的一致性。

(3)均衡性和导向性原则

在企业数字化转型过程中,企业选取的指标要尽量均衡,且能够展现不同部门独有的责任特点,参照平衡计分卡的四个维度以及企业导向和部门责任来定位。

（4）责任落实原则

企业需要结合关键绩效指标对责任进行分解，将企业的责任落实到各个部门与员工。

四、目标拆解：确保数字化转型落地

在企业数字化转型的过程中，有了上述理论的指引，接下来便需要落到实际行动中。这时需要对总体目标进行拆解，具体而言就是将总体目标从纵向、横向或者时序维度上分解到各层次、各部门以至具体成员，从而形成目标体系。目标分解是明确目标责任的前提、是使总体目标得以实现的基础。

拆解战略目标需要遵循三个原则，即维度规范原则、方向统一原则和进度统一原则，如图15-4所示。

图15-4　拆解战略目标需遵循的原则

- 维度规范原则：指的是企业在分解总体战略目标时，能够有相应的标准参照，可以按照日期、粒度和实体来将总体目标分解成小任务，分发至各个部门去执行，保证规范且有序地达成相应的小目标，以有利于总体目标的完成。
- 方向统一原则：指的是各个部门在执行各自承担的小目标时，一方面，执行任务的方向要与其他部门的方向以及整体目标方向一致；另一方面，所有部门在完成自己那部分任务后，所有结果的结合应该与企业总体战略目标所期望的结果一致。
- 进度统一原则：指的是各个部门执行任务时应保持进度大致相同，从而确保最终结果能够理想地呈现出来，这同样利于企业战略实施过程中的阶段性评估。方向统一和进度统一两个原则方便各个部门的协同共进，有利于企业节约成本、提高效率。

当企业的总体战略目标由遥远而抽象变得清晰且具体时，成员通常更易接受且乐于行动，实现目标也指日可待。因此，在企业的数字化转型过程中，深入剖析总体目标并将其细化落实至关重要。参考剥洋葱法则来拆分目标是一个不错的选择，拆分时有几种方式可以作为参考：

- 第一是按时间轴：按照整体目标的期限来拆分，可以制定近期目标、中期目标和远期目标，也可以在一年当中按季度和月度来拆分；
- 第二是按系统：可以将整体战略目标按照不同板块进行划分，像公司技术平台的建设就可以分解成前中后不同板块；
- 第三是按组织：企业不同的部门负责不同的领域，可以将整体目标拆解到各个组织部门去执行，比如技术部、研发部、市场部、产品部以及销售部等；
- 第四是按部门层级：企业中不同的部门自上而下都设有层级划分，可以直接按照这种层级进行目标的拆分。

企业的数字化转型战略在确立实施方案之后，通过战略解码和目标分解得到的重点工作内容和相应的关键绩效指标是企业行动的重要导向，需要将相应的任务和目标划分给相应的部门，同时部门责任人应签署目标责任状，保证目标责任的细化与落实。

数字化转型战略作为一项企业任务，在执行过程中，企业的绩效管理体系需对其作出评审和衡量。具体到企业的日常监管和流程跟踪、资源的配置、数据分析以及项目改进等重要工作，都需要进行准确分析和管理，确保战略目标的顺利完成。同时，企业的绩效管理体系也可以客观地评价关键绩效指标和重点任务的输出结果，科学合理地对绩效结果进行应用，有效地激发团队和个人的工作积极性，促使员工心系企业，将个人目标与企业目标相结合，为企业战略目标的实现提供坚实的基础。

企业的数字化转型，需要一个完整的战略管理体系，这个体系需要囊括战略目标体系、战略制定过程体系以及战略执行体系。拥有清晰的战略目标，并将目标一步步拆解落实，才是企业战略转型的必要保障，才能保证企业长足发展。

第 16 章
组织变革：构建面向未来的敏捷组织

一、数字化时代的组织变革与转型

进入数字化时代，企业要搭建面向未来的组织架构，实现由设计组织架构向建设生态体系和网络的升级。在组织架构方面，灵活性是企业管理者们最重视的因素之一，当前已有许多企业正逐步将传统的层级制组织架构升级为高度授权的网络型组织结构。在企业运作模式方面，部分企业已经与十年前完全不同，但也存在不少仍旧在使用工业时代的传统运作模式的企业，这些企业的发展往往会受到落后的组织方式、体系和行为的限制。

当数字化时代来临，组织也需要具备更强的数字化属性，对企业来说，组织再造已是箭在弦上。企业只有尽快推进组织架构的数字化转型，才能更快地发展和顺应时代变化，为员工提供更多学习和职业发展的机会，快速提升员工能力。

1. 数字化时代的组织数字化转型

目前，国内一些领先企业已经开始积极进行数字化转型，利用新一代信息技术革新生产、分配、消费、交易方式，而数字化对领导者、执行者、管理者等企业人员的思想意识提出了更高的要求。就企业组织而言，其数字化转型应该包括以下三个层面的内容。

（1）组织领导力转型

当前市场竞争日益激烈、技术和经营模式不断创新，数字化企业的领导者需要具备更强的能力才能做好带动引领、共创整合、调动人心、把握全局等工作，领导者必须积极转换思维，充分发挥领导力，才能引领企业稳步快速实现数字化转型。

（2）组织管理力转型

数字化就是采用数字信息处理技术采集、集成、应用企业运作各环节的数据，要求管理者彻底清除传统企业在管理、沟通、思维、运作等方面的不良习惯，以全新的沟通、思维和运作方式带动企业的转型与升级。

（3）组织执行力转型

对于业务人员等执行者来说，使用App等工具与客户进行交流能产生极大的价值，是实现高质高效沟通的手段。执行者只有做到主动接受并使用新事物、不断学习总结并积累知识，才能充分运用数字化手段，进一步推动企业数字化转型。

2. 数字化组织的主要特征

企业实施数字化转型有助于实现生产标准化、分配合理化、交易高效化、交流便捷化和对象生态化。数字化转型后的企业组织主要有以下几个特点，如图16-1所示。

图16-1　数字化组织的主要特点

（1）业务组织极小化

当市场的消费结构持续升级、消费需求逐渐多元，组织也要随之变得更加灵活开放，企业必须对自身业务进行全面深入的分析，并以分析结果为依据细分业务单元，组建极小化的组织，借助数字链接进行管理和决策，增强企业的市场竞争力。

（2）管理组织平台化

随着万物智联时代的到来，经济发展模式逐渐转向产业生态化，实力强劲的企业需要建立平台化的管理组织和服务组织，通过提升管理幅度推动业务高水平开放、高质量发展，整合相近的管理型业务，打造中心型平台，进一步提高协同效率和管理效益。

（3）协同组织流程化

企业在数字化转型的同时还要实现管理组织和运作机制的转变，这样才能具备多元的商品体系、专属的客户服务和系统的供应商及渠道商管理。因此，企业必须革新管理体系，围绕客户并依据业务流程构建多跨协同的组织结构和流程化的管理体系，丰富企业价值体系。

（4）联盟组织生态化

随着工业互联网和产业互联网的互联互通，基于各种目标的产业联盟体系将不断涌现，比如目标为合作研发的研发合作联盟、目标为共同开发市场的市场合作联盟、目标为完善产业链协作的产业链合作联盟以及目标为制定或推行产业技术标准的技术标准联盟等。这些产业联盟体系能够为企业开辟一条集探寻多种价值、丰富业务生态、跨界整合资源、分散经营风险等为一体的高效发展道路。

二、数字化组织落地的实战策略

企业数字化转型是以数字化为核心路径、以数据为生产要素、以新一代信息技术为驱动力的革新活动。在数字化转型的过程中，企业要借助规范化的数字顶层建设和标准化的数字治理打破"数据孤岛"现象，重新构建组织结构的内涵和运作机制，充分发挥组织结构的保障作用。

1. 数字化组织的运行机制

（1）基础载体需要金字塔

企业是社会的组成部分，也是由生产和劳动分工形成的社会组织。在企业中，战略层的决策职能、管理层的协调职能和执行层的业务职能组成了金字塔架构的企业组织框架。即便在去中心化的区块链技术场景中，组织者、参与者和系统运维、发起合约、制定合约等也是必不可少的。金字塔形组织是企业价值的基本框架。

（2）价值创造需要流程化

在经济学中，发现价值、创造价值、传递价值和传播价值共同构成企业价值链，而企业数字化转型是企业实现高效发展的重要手段，因此企业要依据价值链对整个创造价值的流程进行梳理、优化、再造和重组，围绕流程节点进行组织建设，并生成包含部门、岗位、"三会"（董事会、监事会、股东大会）、职能组、子分公司、业务班组、专业委员会等组织结构的序列。流程化的组织运作机制是企业价值的重要内容。

（3）组织运营需要机制化

企业内部要有清晰的层级和职责分布归属标准，各层级人员各司其职，基层人员致力于降本增效，中层人员侧重协同管理，高层人员通过多元创新推动企业发展。除此之外，企业还要建立健全各部门的责任机制和利益分配机制，凭借精准的定义、清晰的责任、规范的运作和有效的激励促进数字化组织高效运作。机制化的组织运营模式是企业持续创造价值的关键。

2. 数字化组织落地的五个步骤

数字化转型是企业持续创造价值的必经之路，数字化企业是最终转型结果。企业只有积极适应数字化转型过程中构建的全新组织结构，才能为今后的数字化发展提供更多保障。为实现高质量发展，企业在进行数字化转型的过程中要遵循数字化发展的基本规律，按照科学诊断、科学规划、科学变革、科学评鉴和科学优化五个科学合理的步骤推动企业组织结构革新，如图16-2所示。

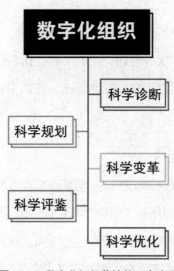

图16-2　数字化组织落地的五个步骤

（1）科学诊断

以企业数字化转型的运营要求、价值目标和技术支撑为依据，对当前组织的支撑度、适应度、匹配度、引领度以及组织结构的科学度和前瞻度进行评估。

（2）科学规划

以数字化转型企业的价值体系为依据，围绕客户需求调整资源配置、强化全要素价值动能，针对管理节点、业务单点、战略决策链、协同联结链和联盟利益生态链设计组织结构，明晰权责分工、流程运作和激励约束规范。

（3）科学变革

专门组建负责组织结构变革的工作组，企业内部自上而下实施融合顶层引导、中层推动、基层创新的改革，或在组织结构方面实施自下而上以数字驱动业务、管理业务、服务业务的改革。

（4）科学评鉴

组织结构进行变革和试运营后，企业自身或邀第三方机构科学评鉴组织结构在数字化转型中的适应程度，为组织结构的数字化转型提供支持和引导。

（5）科学优化

企业的数字化转型并不是一项一蹴而就的工作，企业在构建全新的组织结构时要依据"全面思考、项目驱动、单点突破、体系制胜"的准则，让企业数字化转型与组织结构重构之间形成互为驱动、互相引领的关系，发挥出企业在数字化方面的能力。

3. 面向未来的组织架构

企业以往的大部分组织架构往往有繁复和节点互相孤立的特点，通常以提升工作效率和效能为设计目标，能够在可预测的商业模式中发挥重要作用，而当前的商业模式具有不可预测性和颠覆性的特点，这样的运作模式显然已经不再适用。企业的组织架构设计不仅要提升工作效率，还要强化灵活性和适应力，能帮助企业在全球化的商业竞争中立于不败之地。

将传统的层级制组织架构升级为团队协作的网络型组织架构是强化适应力的关键。传统的组织模式已无法在数字时代维持企业高效运作，主要原因是以前的业务模式单一，通常以某一领域的专业知识为依据划分职业等级，而数字时代业务模式丰富，需要来自各领域的人协同配合，不管制定什么样的等级制组织架构图，团队网络都是实现业务的基础，小团队才是更适用于当前各种业务模式的组织架构。

为顺应数字化发展趋势，各个企业纷纷推动组织架构向围绕团队的灵活模式转变，支持团队和个人互相交流、共享信息，加入不同的团队解决问题。不仅如此，企业还可根据实际需求迅速组建或解散团队，让团队网络持续保有高度的创新性，能更快地适应市场；团队成员的责任将会变得更透明；团队中的每个成员都能获知个人目标、团队目标和指标。由此所带来的责任感对团队和企业效率的提升都极其重要。企业可以通过界定决策和明确责任提升团队责任感和企业效率，从而取得更好的收益。

企业若要实现团队协作的网络型组织架构，就必须积极简化工作并运用新型工具。架构网络化在提升组织灵活性和响应速度的同时，也能够提高对团队协作的要求。需要注意的是，随着信息大量增加，企业中可能会存在认知超载的情况，进而影响生产力。除此之外，当组织模式变革后，领导方法也要随之改变。有的领导者即便拥有丰富的经验，也有可能无法领导数字化、灵活性、网络化的团队，因此网络型组织架构中的团队领导者必须要有抗压、谈判、系统思维等能力，并且能够对客户市场、企业乃至行业的情况有深入的把握。

三、平台型组织与生态型组织

在传统的科层制组织中，企业内部划分组织职能的依据是专业、评估层级的依据是能力，而决策权限则要依据层级和专业来划分，这直接导致组织中最了解终端客户诉求的人不管所处的层级还是拥有的权力都处于整个组织的最底部。比如一线员工，即便拥有丰富的数据资源，也会因缺乏决策权而无法灵活、迅速地响应客户诉求。

管理决策和方案中的信息和数据极易在层层汇报和审批的传递过程中丢失，因此负责重要决策的上层管理者可能是整个组织中掌握数据量最少的人，这就导致企业的决策风险大幅增加。当组织内部传输信息和数据的流畅度不足时，决策的风险也会更大。而随着外部市场环境变得越来越复杂，组织的高层管理者先前积累的经验往往不足以应对当下的情况，如果不及时获取新的信息并掌握市场现状，就无法得知市场的实际情况。对此，一些优秀的企业会及时通过外部市场调研收集市场数据，以在一定程度上弥补信息和数据的传输局限,尽力掌握市场变化情况。但也有一部分信息化建设不足的企业,往往会因缺乏数据意识和完整的数据体系而无法将下层数据及时传输到上层。

此外,即便是采用传统的科层制管理体系的企业也有周报、月报、季报等各类数据报表,因此企业需要对这些数据进行规范化的管理,否则底层管理者可能会避重就轻,也可能会出现只选择有利于自身或便于获取企业资源的数据和信息进行报告的情况,造成信息和数据的衰减、失真,对高层管理者获取信息造成阻碍。

综上可以看出,科层制管理体系不利于企业在数字化时代的发展,企业需要重塑组织结构或数据传输分享机制。若企业不对组织结构进行革新,那么就要升级数据传输体系,推动管理走向透明化、体系化,实现所有数据信息在组织上下高效、无损地传输、共享和聚合,让组织内的全部员工都能全面及时地掌握各类数据,从而深入了解市场和客户。

1. 平台型组织崛起

当前有越来越多的企业建立以产品为中心的平台化组织,让产品能更快地响应用户。在这样的组织中,产品运营效率得到大幅提升,前台的产品部门主要负责围绕产品来满足客户的动态需求,而平台则整合了能满足产品共性需求的各个产品组织为产品服务,这些产品组织也都各自具备完整的前端、后端、开发、运维、培训、财务管理、人力资源管理等负责各项工作的部门。

20世纪90年代,信息技术飞速发展,经济全球化时代已然到来,作为全世界最大的日用消费品公司之一,宝洁公司为适应国际化大环境,让旗下的所有产品和品牌能有更快的市场响应速度,大力革新组织架构。

在宝洁原本的组织架构中,全球被划分为亚太区、北美区、西欧区等多个不同区域,并以区域市场为组织维度,针对这些区域单独设立整体业绩目标和增长目标。这些区域会在分析本区域实际的市场情况后,再进一步细分目标,将小目标分配给各个分公司,这些分公司也会继续拆解目标并利用产品实现目标。不过，由于用于实现目标的产品和各地区的策略十分多样，而公司只会对品牌影响力强、增长快的产品倾斜资源，因此一些具有发展潜力的产品和品牌可能会因缺乏优质资源和不适合本地区的策略而难以充分发挥自身潜力，无法落实产品和品牌的策略。

宝洁出于对全球化经济和产品利益的考虑，将组织架构的中心调整为品牌、品类和产品，围绕产品或品类确立策略和目标，并将关注点由区域市场转换到全球市场，从整体上对一个品类或产品的成败进行判断。

近年来，有越来越多的企业开始建设"三台组织"，力求建立有高度敏捷性的前台来满足客户动态需求，建立深入市场的中台为前台提供支撑，并大幅提升后台服务能力。对于一些传统企业来说，必须利用大量数据打造数据中台，否则企业依然无法提高决策效率。平台型组织是"前端+平台"式的敏捷型组织架构，既能满足前端不断变化的需求，也能明确客户导向，让中台和后台分别围绕业务和服务工作，加快决策周期，从而为前台提供支持，更好地补给前端产品部门。

由于客户的需求不断变化，前端要有高度的敏捷性才能及时响应客户需求，因此组织要打破稳定的雇佣关系的束缚，通过更加开放地融合外部资源来服务于前端。当前端处于活动期间时，将会因庞大的工作量而非常忙碌，但当活动结束后，资源又会被闲置，对于不开放的组织来说，这必然会浪费大量的淡季闲置资源。例如，"双十一"等购物节期间有许多促销活动，各个组织会迎合促销，为满足高需求生产大量产品，整个供应链都会进入旺季；但当活动结束后，部分供应链又会被闲置，在成本上给组织造成巨大的资源浪费。而开放的平台型组织能根据市场需求进行调节，既能整合社会资源满足临时需求，也能在临时需求结束时将剩余的社会资源重新返还社会，从而达到节约资源、降低成本的目的。

此外，平台型组织不但要具备能快速响应需求的敏捷性，还要有能灵活调整资源分配的开放性。因此必须破除稳定的雇佣关系，革新组织中的人力资源模式，提高组织的开放性。

2. 生态型组织创新

许多组织正以满足对开放性的需求为目的革新组织模式，并在组织革新的过程中逐步打造出开放性更高的生态型组织。生态型组织是一种具有开放性和松耦合特点的弹性组织结构。在以生态型组织为组织模式的企业中，没有清晰的组织边界和内外关系，每个员工都在企业构建的生态体系中发挥自身的力量以推动整个生态系统不断向前。

生态型组织中的成员之间一般没有明确且稳定的雇佣关系，大多是较为随性的合约关系。各个成员在进入该生态型组织时，会签订一份包含了生态型组织内部规则、市场规则、法律规则、社会规则、伦理道德等各项需要遵守的规则的生态组织协议，以此来为该生态体系的环境提供保障，这个生态体系中虽然存在一定的竞争，但合作才是主流，大多数成员都会尽力发展该生态。当企业和员工都积极维护这一发展环境，才能让整个环境发展得更好，人们才会在更好的环境中生存。

生态型组织具有高度的开放性，基本不受传统定义的约束，能够破除企业组织边界：

- 在服务方面，开放的生态型组织既可以只有一种服务，也可以同时有多种服务；
- 在种类方面，开放的生态型组织具有多样性，每个产业都可以成为生态型组织，如菜市场或商圈等也可以成为生态型组织；
- 在运营方面，物业公司、互联网平台企业或其他的机构、事业单位等都可以作为开放的生态型组织的运营方。

在组织模式上，企业由传统组织逐步过渡到平台型组织，又再次发展为生态型组织。其中，采用传统组织模式的企业更重视科层制，采用平台型组织模式的企业更注重分工协作，而采用生态型组织模式的企业则更加注重"军团制"的穿插作战。在起主导作用的中心上，采用不同组织模式的企业也各不相同，传统企业、平台型企业和生态型企业的中心分别是权力、产品和客户需求。

四、数字化业务敏捷组织的四个要素

进入数字化时代，企业对技术的要求越来越高，这使得企业对传统IT组织的能力要求越来越严格，在此情形下，推动IT组织的变革与重塑就显得尤为重要。然而，传统IT组织职能有限，主观能动性较差，主要以提供IT服务、进行IT工作为主，在业务中的参与度较低，缺乏敏锐的业务洞察力，这些问题导致了企业无法向数字化顺利转型过渡。

具体来说，传统IT组织主要存在以下两方面弊端：

- 运营成本过高：传统IT组织由于缺乏敏锐的洞察力，无法有效均衡人员和信息资产的投入产出比例，高昂的运营成本极易导致企业经营困难，难以实现数字化转型。举例来说，有些优秀企业由于运营成本过高，常常出现短时间内大量招聘和大量裁员的现象。
- 业务与IT呈两条线，效率较低：IT与业务分离严重，这是由于传统IT组织的话语权少，大多专注于IT技术的维护和研究，对业务的参与度不足。同时，在技术和运营方面，传统IT组织缺乏对数字化技术的理解和驾驭能力，难以与业务形成联动。

因此，传统IT组织的变革迫在眉睫，数字化业务敏捷型组织的建立势在必行。那么，什么是"业务敏捷型组织"呢？

1. 业务敏捷型组织的定义与特点

业务敏捷型组织是指为在竞争激烈的数字时代中保持长远发展而建立的一

种具有前瞻性的业务解决方案组织。它能够凭借敏锐的洞察力和具有前瞻性的透视力，致力于为客户提供新价值、高质量的产品和服务。

简单而言，业务敏捷型组织主要包括以下几个特点：

- **敏锐捕捉和持续响应**：能敏锐捕捉客户需求、业务需求、市场变化等信息并持续响应；
- **跨组织充分沟通和协同**：联动企业的所有部门和组织，全面沟通，整体协同，工作目标一致；
- **高效和高能**：业务敏捷型组织既涉及IT组织，又涵盖市场、营销、人力等其他组织，其优势是技术水平高，创新意识和能力较强，产品和服务的交付质量较高。

2. IT类"业务敏捷型组织"的四个要素

IT类业务敏捷型组织的四个要素是人员、技术、流程、数据。

（1）人员

强调人员应当具有较强的自我表达能力和沟通交流能力，拥有精湛、过硬的业务技术，既要融入IT组织内部，又要在其他业务上有所成就。

人员也应该参与部门职能职责的优化配置、岗位的调配和角色的变动等，主要涉及以下内容：

- 在优化业务流程的基础上整合并调整部门、岗位、业务流程的职能职责；
- 为优化人员配置，提升业务工作效率水平，按照调整后的职能职责和岗位胜任要求，对员工进行按需调岗、能力培养和岗位胜任力分析等。

（2）技术

作为IT类业务敏捷型组织的关键要素，技术要素要求组织人员综合运用平台和技术手段参与业务的开发，主要包括应用技术、驾驭技术、平台搭建技术等。

技术要素强调对产业技术、信息技术、管理技术等各种技术进行汇聚、融合和创新。业务敏捷型组织则致力于在人工智能、物联网、AI等新兴技术的基础上，对各种技术进行全方位、多层次的汇聚、融合和创新。

（3）流程

流程要素涵盖了新型能力建设中相关业务流程的优化设计、数字化管控等，具体包括以下内容：

- 开发、测试、事件响应、需求分析等便捷、高效的业务流程为IT类业务敏捷型组织提供重要支撑；
- 为更进一步实现业务与IT组织交叉融合流程的优化，应在正常运转的基础上，将数字化技术与大数据深度融合，进而驱动业务的高效开展；
- 变革升级端到端的核心业务流程，整合优化跨部门、跨层级流程，优化设计产业生态合作伙伴之间端到端的业务流程；
- 利用各种数字化技术和手段，对业务流程进行过程管控、动态优化以及运行状态的跟踪；
- 为更好地推动业务发展，IT敏捷型组织可以通过"线上+线下"的方式拓宽业务的营销渠道，为部分业务领域流程的建立和运转提供有力保障。

（4）数据

数据要素主要包括数据核心资产的管理、数据要素价值的挖掘和数据潜能的创新驱动等内容：

- 扩大数据采集的动态范围，综合运用数据采集的多种手段，利用传感器技术不断优化、提升数据采集的自动化水平；
- 整合、共享各种数据资源，在各种数据接口和数据交换平台的支持下，对多源异构数据进行实时在线交换和集成共享；
- 不断加强各个级别数据建模的应用水平，为业务敏捷型组织的高效运转提供数据模型支撑。

第 17 章
领导力变革：引领企业实现持续增长

一、技术革命驱动的敏捷型组织

在传统工业时代，商业组织在企业经营等活动中的价值已经得到体现，但组织形态、管理制度、管理方式等还都比较落后。工业化生产具有分工明确、产品标准等特点，这就意味着员工只是执行工作任务的个体，具有极强的可替代性。

传统商业组织的六大要素如表17–1所示。

表 17-1 传统商业组织的六大要素

要素	具体描述
工作专业化	技能分工趋向细化
组织部门化	专业的个体组成专业的部门
有序的命令链条	最重要的事情就是维持有序的命令链条
管理宽度的控制	设计好管理的宽度，以维持组织管控的有效性
集分权的设计	总部的集权需求和大型组织的效率陷阱是贯穿组织历史的核心问题
工作的正规化	工作的正规化包括相应的工作步骤以及相关的管理风格（如军事化管理）等

传统商业组织六要素指导下的领导力更注重权威和自上而下的严格管理，美国通用电气公司的CEO（首席执行官）杰克·韦尔奇（Jack Welch）将这样的领导力发展到了极致，他将通用电气公司打造成了传统组织形态和领导力

发展体系中的翘楚。

随着信息时代的到来，信息技术逐渐渗透人们生活的方方面面，用户需求日益复杂和多样化，一些新型组织应运而生并逐步取代传统的组织。这些新型商业组织一般是以各种形态存在的企业或平台，比如Airbnb一样的短租公寓预订平台、淘宝一样自身没有店铺的零售平台、滴滴出行一样的出行服务公司和GitHub一样的代码托管平台等，这些新型组织吸引了许多来自世界各地的优秀的软件开发者。高度敏捷是这类新型组织形态的显著特征，因此这类新型组织通常被称为敏捷型组织。

与传统的企业组织相比，敏捷型组织主要具有以下几个方面的特点，如图17-1所示。

图17-1 敏捷型组织的主要特点

1. 职能边界逐渐模糊

传统的企业组织通常按照员工的职能将其分配到相应的岗位上，职能与岗位严格对应。而敏捷型组织中员工的职能边界逐渐模糊、员工的岗位也不再是一成不变的。以滴滴出行为例，组织中各个员工的行业背景各不相同，因此，新型的组织更加看重员工未来的发展。

2. "零工经济"大行其道

当前大多数敏捷型组织通常采用项目式工作方法。例如GitHub平台一般围绕技术人员展开工作,如果技术人员开放源代码协议,那么就可以建立分支(fork),分支数和技术人员的粉丝数之间成正比。随着人力资源分配形式的不断创新,部分机构开始模糊正式工与合同工、临时工之间的界限,"零工经济"(Freelancer Economy)逐渐走向繁荣,各个企业中出现越来越多由正式工和临时工混合组成的项目小组。

3. 上下层级不复存在

与传统的组织相比,敏捷型组织中的员工与老板之间不再是简单的上下级关系,通常有极强的临时性,并可能随实际情况而不断变化,员工在项目中既可能是汇报者也能是被汇报者,老板也一样,因此在不同的项目中老板与员工可以互相汇报项目情况。

4. 由市场指挥决策

敏捷型组织通常具备敏捷的市场端,能迅速以市场为导向进行决策。不过,需要注意的是,在组织运营过程中,敏捷的市场端同时需要有中后端的高度集约作为支撑,因此实现难度比较大,即便已有像GitHub这样的成功案例,但因为其行业具有极强的特殊性,所以仍旧无法作为模板进行复制。

5. 自由与规范并重

在组织发展向正规化还是自由化的问题上,一些敏捷型组织的发展过程是从岗位和流程规定的正规化转向基于正规化的数据、技术和平台的自由化发挥。也就是说,敏捷型组织既要给员工更广阔的自由发挥空间,也要不断强化后台的技术规范和数据规范,确保前端工作的灵活性和协作的规范化。

二、敏捷型组织与领导者思维变革

2021年，麦肯锡咨询公司将下一层级的过程自动化、未来连接、分布式基础设施、下一代计算、应用人工智能、未来编程、信任架构、生物革命、下一代材料和未来的清洁技术列为可能改变未来世界格局的十大技术，而这十项技术中有七项都与信息技术革命息息相关，也就是说，组织的敏捷化转型必须要有信息革命的驱动。

许多存量企业通常有众多重要的价值链环节，信息技术只是其中之一。以汽车制造业为例，机械加工占据其大部分工作量，但行业中依旧有大量传统流程和岗位，这类传统流程和岗位可以使用工业机器人代替，在节约人力资源的同时还能提高劳动生产率，但敏捷性问题却仍然存在。而在化工、制药等基于化学过程和生物过程的行业中，敏捷转型的路径却是截然不同的。

为了发挥敏捷型组织的优势，企业的领导者要具备强大的领导力和清醒的头脑，能够对企业当前所处行业的技术变革程度和技术在组织敏捷化转型中的作用等问题进行深入分析，在技术的更迭中保持一定的前瞻性，从而更好地利用技术并把握好企业实施敏捷化转型的时机和路径等。此外，组织进行敏捷化转型是为了能更好地提供多样化、定制化的产品，而不是一直生产千篇一律的产品。但多样化、定制化的产品是否能被市场接受也是企业必须提前考虑到的问题。

当前服装行业中的企业主要分为走定制化路线和标准化快销路线两大类。其中，走定制化路线的企业大多是创新型企业，这些企业借助人工智能、生物特征识别等多种IT技术提高自身的服装定制水平，让顾客在普通门店也能享受到专属高端定制服务，进而达到提高收益的目的；优衣库等服装企业则持续采用标准化快消路线，通过减少门店的库存量单位（stock keeping unit，SKU）和将IT技术广泛运用到中后台打通门店和工厂之间的数据共享渠道的方式让货品供应更加准确而灵活，进而达到在减少品类的同时提高利润的目的。这两种路线都是服装企业提高敏捷性的有效方式。

组织的敏捷化转型在很大程度上受个体的思维和行为的影响，尤其是领导者的思维和行为。具体来说，敏捷型组织的领导者需要具备以下特质：

（1）前向思维

从前，组织中很少有具备面向未来的前向思维的领导者，大多数领导者的思维相对保守。但最近几年，国内有不少企业开始与其他领域的企业跨界合作，利用新的技术、思维、手段等助推自身的敏捷化转型，提升自身敏捷性。

（2）重新定义工作

励衿领导力咨询董事总经理林光明曾在《敏捷基因》一书中发表对于未来劳动力市场的看法，他认为在未来的20年间，自动化和人工智能将会代替人力完成大部分工作。对于未来的敏捷型组织来说，能够用人工智能等自动化技术代替人力完成的工作一定是具有标准化和数据驱动等特征的工作，而节省出的人力资源将会被投放到高附加值、高创新性、非标准化的工作当中，目前部分行业已经出现这种劳动力转型现象。

（3）变革与试错

大型组织一般比较保守，但保守会限制组织的敏捷化。因此，大型组织需要创建服务于组织敏捷化的试错机制并进行企业文化转型，可以选择先在体制外进行试验，试验初期在一定程度上隔离领导者之外的项目人员和原有企业，争取在进行组织敏捷化转型时提高成功率。

（4）技术敏感

正处于敏捷化转型过程中的企业的领导者需要对相关新兴技术极其敏感，与此同时，还需要带领员工保持技术敏感。

三、数字化时代的领导者画像

领导力的概念比较抽象，通常指组织中领导者的素质核心，它存在于所有的组织，与组织的发展紧密相连。管理学大师彼得·德鲁克认为领导力的本质是提高个人愿景的境界和个人绩效的标准。因此领导力的具象化表达是"带领组织迎接挑战走向卓越的能力"。具有强大领导力的领导者能够有效激励组织中的各个成员主动为组织作出贡献,将组织树立的理念转化为具体的行动、将可能存在的风险转变为潜在的利益、将分散的员工团结一致、将美好的愿景转变为可得的现实。

传统领导力研究的重点通常是组织建设和业务提升,组织在提升领导力时大多从建立团队、规划战略、培育人才和提高职业素养等环节入手。在5G、大数据、人工智能等新一代信息技术迅速发展的背景下,科学技术为整个经济社会带来了深刻的变革,各种技术应用和经济形态等层出不穷,这对企业的领导者来说既是挑战也是机遇。

数字化领导力就是利用数字技术引领组织持续增长并实现数字化转型的能力。与注重组织建设和业务提升的传统领导力相比,数字化领导力更注重在技术、业务、组织上具备全方位观察、思考、融合的能力和拥有规划数字化转型与增长路径的能力。数字化领导力的高低主要可以从宏观层面的数字经济洞察、微观层面的数字资产运营、专业层面的数字科技学习、组织内部的数字人才培养四个维度来评估,如图17-2所示。

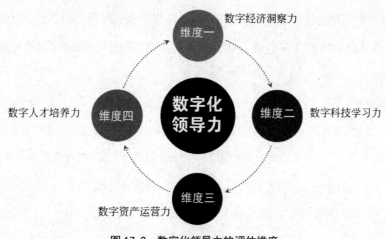

图17-2 数字化领导力的评估维度

1. 数字经济洞察力

简单来说，组织数字化转型就是组织找准自身目前和将来在全新的数字经济生态系统中的定位的过程。因此，组织若要实现数字化转型就必须具备洞察数字经济的能力。

组织若要做到深入洞察数字经济，就必须深入了解数字经济概念，能够在宏观上对国内外数字经济发展阶段进行研究和判断，并全面掌握数字经济商业模式和数字生态。尤其是目前还未完全构建起数字经济宏观测算体系，微观商业模式也处于持续创新阶段，组织更要充分利用自身的数字经济洞察力，根据所处行业的特点和组织特性，准确找出自己在整个数字经济生态系统中的位置。因此，领导者的数字经济洞察力要在评估其数字化领导力时占据首位。

2. 数字科技学习力

与传统领导力相比，数字化领导力中的核心能力是在新兴数字科技方面的学习和运用能力。作为数字经济的重要生产要素，大数据需要持续发挥价值，而数字技术正是利用大数据创造价值的基础。在经济环境和政策环境的影响下，各个组织领导者都应积极学习大数据、区块链、人工智能、量子计算等新一代信息技术的基本原理，了解这些科学技术的发展情况和行业应用现状等，进而提高自身的数字化领导力，将这些信息技术更好地应用到组织的数字化转型和发展中。

先进的科学技术是推动组织实现数字化转型的重要工具，有助于组织连接过去、现在和未来。因此，组织的领导者必须学习并掌握这些先进科学技术的特点和功能，领导整个团队利用科技为组织的数字化转型提供保障。正因如此，我们才将在新兴数字科技领域的学习和运用能力看作数字化领导力的一项重要组成部分，同时这也是领导者引领组织实现数字化转型的关键能力。

3. 数字资产运营力

随着新一代信息技术逐步发展成熟，认识和运营数字资产的能力对整个组织未来的发展有着决定性影响。组织的数据规模、数据采集渠道和数据应用能力将在发挥数字资产的价值和竞争力上起到至关重要的作用。

管理和运营数字资产并不能只依赖于简单装配硬件或软件系统，更要专门创建一套适用于自身数字资产运营实际情况的组织体系。因此，数字资产的运营对领导者来说是一项挑战和机遇并存的工作，需要领导者充分发挥自身的数字资产运营能力，整合组织当前所有的数据资源体系，全力提高组织的数字资产价值，融合人、流程、制度来推动实现数字资产高效运转。领导者的数字资产运营力是以广泛讨论、整体规划和严格执行为基础的，能够帮助组织加快积累数字资产的速度，升级服务价值。

4. 数字人才培养力

一般来说，像软件工程师、算法工程师、数据科学家等具备一种或多种专业数字技能的人才都可称作数字人才。数字人才通常能在新兴数字技术方面为组织实施数字化转型提供支持，是数字经济发展必需的人才，也是目前劳动力市场中供不应求的人力资源。

目前教育系统正在加快革新教育体系和人才培养结构的步伐，以便为数字经济输送更多人才，但短期内企业对数字人才的需求仍旧难以满足，数字人才的供给矛盾依然存在。2020年4月30日，我国人力资源和社会保障部发布《新职业——大数据工程技术人员就业景气现状分析报告》，该报告显示组织内的大数据人才主要来自社招、校招、内部培养和推荐、培训机构招聘渠道，其中社招渠道占比高达65.21%，已超过其他各渠道的总和。这说明当前教育系统的人才培养结构与社会需求严重脱节，而组织和培训机构也缺乏培养专业的大数据人才的能力。除大数据外，5G、区块链、人工智能等各类新兴信息技术的人才培养也面临同样的情况。

一个组织是否具备优秀的数字人才团队将直接影响其数字化转型质量和效率的高低,所以在现阶段数字人才供求失衡的情况下,只有能吸引、挖掘、培养并留下数字人才的组织才能在数字经济时代抢占发展的先机。因此,数字人才培养力也是评估领导者的数字化领导力的重要维度。

第 18 章
HR 进化：数字化时代的人力资源管理

一、新原则：传统 HR 管理的进化

数字化技术正在全球范围内迅速发展，新兴技术的应用革新了人们的生产生活方式，然而企业生产力的发展却没有跟上技术发展的速度。2022年5月5日，美国消费者新闻与商业频道（Consumer News and Business Channel，CNBC）报道，美国第一季度的非农生产率下降了7.5%，这是自1947年第三季度以来的最大降幅。随着技术革新速度和生产力进步速度之间的差距越来越大，生产力不足的企业的市场竞争力也会越来越弱。

根据《财富》杂志历年公布的世界500强企业榜单，从2000年到2020年的20年间，美国的世界500强企业数量减少了50多家。那么，企业要如何迅速适应并跟随技术革新步伐而不断发展生产力呢？紧跟时代发展不断创新人力资源管理策略正是促进企业生产力发展的关键。

随着数字技术的发展，劳动力群体逐渐表现出数字化、全球化、多样化的特征，学习能力和运用社交媒体的能力越来越强，企业的需求和诉求的发展速度也迅速提高。Google X 实验室的埃里克·泰勒（Eric Teller）曾提出一项理论，指出当前技术的发展速度是前所未有的，人的适应力也随之缓慢发展，但企业生产力变革的速度却更加迟缓，国家政策的变革速度最慢。由此不难看出，人的适应速度正位于技术发展速度和企业生产力进步速度之间，因此人力资源部门既要为企业和领导者尽快适应技术变革提供辅助，也要让员工快速投

入全新的职业和工作模式中,通过助力企业全面适应技术变革在一定程度上推动社会政策产生改变。

对企业来说,技术变革不仅仅是挑战,也能够带来发展的机遇,我们要更新升级企业实践和人力资源的内涵与外延,创造出能随着时间和技术不断优化升级的平台、流程、方法、工具,推动劳动力市场的革新。出于以上原因,我们要针对数字化时代下的人力资源管理"新原则"进行深入思考。

进入数字化时代后,各个领域都出现了翻天覆地的变化,企业人力资源的管理原则、岗位定义、工作环境等也会发生改变,改变之大几乎能影响企业对全部员工行为的定义。在数字化时代,企业要不断提升数字化工作能力并更新数字化业务,因此企业必须花费大量的时间和精力去规划职业策略、提升人才流动性、更新组织生态系统和网络,进而推动个人进步和企业持续成长。

人力资源管理的工作也不单单是培训员工、规划职业生涯,还需要让企业对架构、技术、领导力和员工整体体验有全新看法。经过反复实践,人力资源管理者已针对这些不断变化的局面制定了一系列"新原则",这也正说明人力资源管理者已经在逐步改变思维方式和行为模式。"新原则"不仅能够满足今后一段时间内企业在领导、组织、激励、管理、人才等各方面的需求,而且能指引我们去探寻变革产生的影响、处理人力资源管理问题,从而重新制定出有利于员工和企业的人力资源管理策略。

二、赋能员工:打造终身学习型组织

员工的职业生涯周期虽然通常有数十年,但员工习得的许多技能的"过时"速度却极快。例如,软件工程师通常要重塑自身技能,制造、金融、法律、会计、销售、市场营销等行业的从业人员也需要不断学习新技能。与过去的为职业而学相比,目前的很多职业更需要自我学习。因此,新时代的数字化企业会鼓励员工终身学习,致力于将自身建设为学习发展型企业。

站在劳动者的角度上来看,"学习和发展能力"是雇主品牌的主要吸引力之一,但大部分员工均觉得企业并没有挖掘出自己的潜能,也有一部分员工会在发现当前企业缺乏学习机会后离开。这些情况引起了各行各业的重视,因此,许多先进企业都会尽力满足员工的期望,利用动态职业模式为员工提供持续学习的机会,并输出企业的发展文化,大力提升企业的人才竞争力。

数字化技术为企业和员工创造了低成本、高效率的持续学习途径。在线教育的发展带来了大量创新教学平台,人们只需轻点鼠标就能开始学习新技能。因此,部分企业在新型员工学习系统上有较大投入,会不定期更新员工学习的基础设施、购买大量新型工具,从而进一步革新企业学习发展部门的架构和运营方式。

与十年前建立虚拟大学、制作在线课程目录相比,现在的企业已经把员工学习融入业务领域,用于促进企业各业务的创新和领导力的发展,带给员工国际化的先进学习体验,有助于员工终身学习和多职能团队共同协作。除此之外,企业还要重视融合,构建融合IT、市场、设计、销售、财务等多种职能的团队,以提高开发产品的速度和制定解决方案的效率,此外,可以借助跨学科的思维推动融合,把企业大学建设成员工日常培训基地。

企业若要实现学习、融合等方面的转型和持续发展,就必须拥有一个能既能推动员工职业发展和业务整体增长,也能参与整体员工体验,还能借助系统学习方案帮助员工习得更多技能的首席学习官。企业要创建一个能高度适应员工流动性的学习环境,并重视跨学科技能的发展,支持员工在不同环境、不同岗位中工作,以轮岗的方式让员工得到多岗锻炼,从而培养"多面手""全能工",这也有助于传统的组织架构更快转向团队协作的网络架构。

三、人才招募:建立公司的雇主品牌

当企业的业务对技能的要求逐渐升高,人才紧缺的问题也会逐渐被暴露出来，人才竞争成为企业不得不面临的重要问题。站在员工的角度上来看，新的职业和工作模式同样具有极大的吸引力。随着劳动力群体受认知、社会协作、技术和创新的影响越来越大，部分企业开始利用品牌全球化和社交网络、认知工具等在世界范围内发现、吸引并雇佣人才，在企业内外全方位集聚、培育、使用、激励人才，从而推动企业的发展和创新。

在数字化时代，企业的各个部门和团队都会参与到人才获取过程中，选择权通常掌握在员工手中，因此拥有强大吸引力的雇主品牌往往能收获更多更优质的人才。领英发布的《2021未来人才趋势报告》指出，雇主品牌与员工体验在招聘和留任中发挥更加重要的作用。于是，许多企业在经营雇主品牌方面花费大量心血，力求招揽到更多能力出众的员工。

员工的工作体验是建设雇主品牌的关键，若要建设具有强吸引力的雇主品牌，企业必须提升员工敬业度并深入挖掘员工的职业发展潜力。有许多企业在实际操作中发现，吸引求职者的宣传活动可能与吸引顾客的广告有同等重要性。除员工的工作体验外，预测分析也在人才获取方面发挥着十分重要的作用，经验丰富的分析团队会更加注重招聘流程的制定和分析，及时对各个招聘渠道和这些招聘渠道中的求职者进行全面准确的评估，这样的雇前评估能大幅降低雇佣的风险。

具体来说，企业判断求职者能否胜任工作的依据已经由所取得的证书变为掌握的技能水平。虽然有不少规模较大的企业已购入人力资源共享服务，但其招聘经理在推进招聘工作的过程中还对地方招聘人员或人力资源专家有较大的依赖性。因此，企业可借助集中化的方式确保这种新的人才获取方法能顺利实施，从而取得更大的规模效益和更高的运营效率。

不仅如此，这种人才获取方法还能为求职者带来独树一帜且更具竞争力的体验，同时在如何委婉拒绝求职者方面也将有更周全的考虑，运用"求职者关怀"等方式保护被拒绝的求职者。例如，向被拒绝的求职者发送使用就业门户网站的邀请函，让求职者能通过网站学习更多技能来充实简历、强化面试技巧、充分利用个人网络等，为求职者今后顺利通过招聘提供助力。

四、体验至上：有效增强员工敬业度

员工的影响力正随着数字化时代透明度的提升不断增强，员工愈来愈注重工作的成就感、吸引力、愉悦感，因此企业也要增加对他们工作体验的重视程度，力图打造更出色的企业文化，并在员工整体体验方面投入更多关注，处理好工作场所、人力资源、管理实践等诸多影响在职员工的因素。

人力资源部门可以利用意见反馈、健康数据、员工自助服务等各种工具深化对员工体验的了解，通过在方案、策略的制定和团队的搭建上投入更多精力来持续优化员工的整体体验。可以说，企业吸引并留住人才不能再仅仅依靠薪酬和福利，更要为员工提供价值、发展空间、工作氛围等。全球化运营的公司则更要加倍重视员工体验，充分利用极具吸引力的员工体验获取更有价值的人才资源。与此同时，良好的员工体验对客户体验来说也有着极佳的促进作用。

随着企业的组织架构逐步转向团队协作的网络型组织架构，员工体验也将会变得越来越重要和复杂。企业要在企业文化和敬业度的基础上综合考虑员工的健康、满意度、敬业度等因素。

站在企业的角度上来看，人力资源部门要针对企业文化、薪酬绩效、员工敬业度、学习和职业发展等问题制订项目计划，并安排经验丰富的人力资源管理者带头解决相关问题；站在员工的角度上来看，从应聘开始的所有工作都可能会对身心健康、个人价值等方面产生影响，并进而以综合体验为依据对企业进行评估，对自己未来在企业中的生活状况做出迅速判断。这就要求企业必须具备为求职者提供全面且良好工作体验的能力。因此，企业必须完全改变传统的侧重点，重新优化整合组织架构、员工角色、业务管理与员工体验方案。

当员工体验逐步被优化时，企业将会获得更好的企业文化和更高的员工敬业度。以罗森布鲁斯集团为例,哈尔·罗森布鲁斯以"员工第一,顾客第二"为指导思想将小旅行社发展成世界三大旅游公司之一,他在《顾客是第二位的》一文中指出公司要想真心使顾客满意,必须将公司员工放在第一位。因为,将员工放在首要位置能够让员工更好地服务顾客,从而创造更大的经济价值,股东也会获取更高的收益。

五、绩效变革:构建新型的绩效体系

近年来,越来越多的企业开始试用新的绩效管理方法。各个行业和地区的企业都在积极地对目标设定、绩效考评、激励机制等诸多绩效管理环节进行全面评估,并尽力维持技术变革、业务策略、工作内容的一致。企业采用这些以持续的反馈和培训为主、以绩效评估为辅的绩效管理方法能够促进生产力的提高,虽然目前尚且缺乏相关配套工具的支持,但这些方法毫无疑问能在一定程度上加快企业文化变革的脚步。

革新绩效管理模式的主要原因是传统的绩效管理方法已经跟不上当前工作方式的变化。目前的企业正以团队网络的模式在运营,职业生涯和学习的重要性已不同于往日,原本"职能驱动型"的企业运营方式正逐渐转向"任务驱动型",企业对统一目标和反馈绩效、辅导绩效的需求越来越紧迫。革新绩效管理模式正是为了更密切地连接绩效管理与企业的业绩。

当团队在企业中的重要性逐渐增高、员工个人业绩在绩效管理中的参考价值逐渐降低,企业就会变得更加重视员工在整个团队中的功劳和团队在实现整体业务目标中发挥的作用。也就是说,员工个人与团队和企业之间有了更加紧密的联系,群策群力、共同作战成为企业在绩效管理和评估中的重要方式。那么,随着企业对团队绩效的关注度日益增强,团队成功与否的衡量标准也在不断变化。若要取得成功,团队中的成员必须具有鲜明的角色特性,并互相信任、充分协作,领导者要有极高的参与度,同时整个团队还要具备包容性、多样性的特征。

而判断团队是否已经达到这些标准要用到新的工具、方法和模式。对灵活性较高的中小型企业来说，可以以个人和团队为单位确定绩效目标；对大企业来说，可以设立部门目标。目前，在探寻并使用更清晰有效的绩效衡量方式这一问题上，许多企业已达成共识，传统的自上而下设定目标的方式将逐步被新型设计所取代。当前绩效革新的速度越来越快，最终确定的绩效管理标准也是一项未知数。而参与革新的实践者们仍在进行试验，对新方法进行完善和优化，让各行各业、各个地区的企业都能拥有适用于自身实际情况的绩效管理体系。

当企业逐渐适应数字化，人力资源管理的职能也在随之改变。在企业组织架构方面，要根据服务的达成交付效率进行重塑，在绩效管理方法和员工整体体验等许多方面也会出现较大变化。除此之外，人力资源组织的定位和工作重心也会有翻天覆地的变化，人力资源组织在工作中将会更加重视解决企业遭遇的人力资源难题。许多先进企业的人力资源管理方面的领导者和团队都将挑战看作机遇，主动实践新想法，并在实践中不断地检验、完善，从而归纳出数字化时代人力资源管理的新原则。

从本质上来看，技术的进步推动了企业数字化转型，而数字化转型能否成功要看企业适应能力的高低。在数字化新时代来临时，能迅速适应时代变化、并在变化中不断创新的企业，也是能够高效实现人力资源管理改革、并在时代变化中成功转型的企业。